John Field und die Himmels-Electricität

Wolfgang Schlüter

John Field und die Himmels=Electricität

Skizzen

Eichborn.**Berlin**

»Wenn
man einen Stein ins
Wasser fallen läßt, bildet sich so-
gleich ein kleiner Kreis, dann ein größerer
ohne den kleinen, und so fort, bis es ans Ufer stößt,
von wo es in einem kleinen Kreis zurückläuft,
der andere größere Kreise hervorbringt.
Auf die nämliche Weise bewegen
sich die Töne in Sphären.«

AUBREY

Dublin 1782–1793

denn siehe, im anfange war alles ohne laut. das *numinose schweigen* allgegenwärtig endlich, aber unbegrenzt, in ewiger unwandelbarkeit das *silentium conclusum*, das *nullum sonans* der akustische indifferenzpunkt. dann aber, weil immer eine reibung zwischen *ens et non ens*, in einem infinitesimalen komma, breitete sich eine sinus-schwingung aus. sie beschrieb einen kreis, also tönte sie aber unvernehmlich, weil rückkoppelung ihrer selbst ergo unhörbar. da aber schwingend in bewegung, löste sich eine zweite welle aus ihr, die sich ihr überlagerte. das ergab eine schwebung, einen linearen pfeifton. und dieser jagte — noch vor dem entstehen der ersten lichtwellen — durch das nachtschwarze universum mit unablässigem schrillen. also schuf der schall die materie

oder durch seine umdrehungen das planetensystem eine sphärenmusik von der johannes kepler glaubte, sie könne nur von der sonne gehört werden, *vide et ptolemaeum*

weil aber, im anfange, laßt mich erzählen, auf den kristallinen schiefern des präkambrium, im archäozoikum,

9

kein ton noch klang höchstens ein hohles sausen oder wehen der luft, und allenfalls ein allerleises saugen und schmatzen unter schnecken würmern und kieselalgen, da war, nenn mir oh muse, was da zu vernehmen, als trilobiten und korallen fluteten in den flachmeeren die das festland überschwemmt, oder im silur die panzerfische seeigel und tausendfüßler vor fünfhundertsechzig tausend mal tausend jahren, war es nicht ein staubiges gegroll und massichtes krachen ein fernbebend bersten da die kaledonischen gebirge ausgeworfen und aufgefaltet? kein ohr keine zitternd membran war da, sich einzuschwingen wenn im devon über tonschiefer kalkstein und felsquarziten, da die festländer weithin überschwemmet nein überschwemmt und aus den meeren vulkane sich erhoben und lungenfische sowie erste amphibien zu schnappen und klatschend die wasser zu teilen anhuben. es war aber, im anfange, laßt mich berichten, zur karbonzeit da mächtige schmelzflüsse in die erdkruste drangen und europas gebirge aufgeschiefert wurden, als granit sandstein oder kristalline kiesel stille umfächelt vom wind, da, horcht nur, war schon ein sirrend gekrispel das wuselnde kratzen von krebsen spinnen und urflüglern libellen ums geäst erster nadelhölzer und es gab auch bereits feines flüstern und schuppichtes rauschen in wäldern von schachtelhalm farnen und spiegelbäumen, *das wispern im paläozoikum*. und dann brach aus dem abdomen der erde ein blähen und fauchen, die donnernden eruptionen lavaspeiender vulkane, wüstenähnlich klima breitete sich aus, meere verdampften und ließen gips anhydrite und salzgestein frei und oh muse laß lauschen

uns der unlauschbaren schleimspur der wirbellosen dem
knisternd gesurr von käfern im perm dem rascheln erster
reptilien im gras. und erst, oh horchet nein horcht doch,
wie in trias jura und kreide über dolomit und mergel-
schiefer, das winzige haupt auf dem schlangenhals, der
plesiosaurus mit schnaubendem prusten aus schäumen-
dem meere taucht oder in müdem schwappen und düm-
peln der see der *nothosaurus* die flossen peitscht. wie,
furchtbar anzusehen, in der luft mit gezähntem schnabel
auf ledernen schwingen der *pterodaktylos* kreischt, oder,
ein husch nur, der *archäopteryx*. weil, da der natur nach
sind die eukalyptusbäume, die flüsternden nadelgehölze,
pflückt mit käuendem rupfen, auf den hinterbeinen sich
reckend, das *iguanodon* speise sich von den ästen, und ist
so ein vielstimmiger schall auch das brummen der riesen-
wespe *um brumm-störungen zu vermeiden, müssen Sie die*
plattenspieler-erdung die erdlitze an die dafür vorgesehene
schraubklemme des receivers anschließen ein immer mehr
tosender vielstimmiger chor zum glucksen und gurgeln
der schmelzwasser im frühling zum plätschern murmeln
blubbern der bäche und flüsse zum rollen des donners
hoch über den wolken zum prasseln des feuers wenn der
blitz aus brausendem sturm in den farnwald geschlagen
und mit knattern, schuppe für schuppe, die rinde bren-
nend vom stamm abgesprengt. auch quietschen schon
kleine säuger unterm wankenden stampfen faßgroßer
füße, so nenne mir, muse, das dröhnen krallenbewehrter
zehen auf dem savannenboden wenn nahet nein naht
mit markerstarrendem brüllen das wehrhafte haupt des
tyrannosaurus rex überwipfelhoch mit blutigen lefzen und

wie da hämmert der schweif des panzerkammstarrenden *diplodex*, des tripelgehörnten *triceratops*, es heulet nein heult auch der *brachiosaurus* und von den hängen der berge hallt wider der schrei des *stegosaurus* in schrecklicher frequenz *verbinden Sie die tonfrequenzanschlüsse des plattenspielers mit dem phonoeingang des verstärkers* dieweil eingangs ja immer noch, vor nunmehro nein nunmehr sechzig tausend mal tausend jahren, im tertiär, das drommetengeschmetter des urkranichs oder das quarren des moorfroschs und allerlei pithekoides geschnatter gezeter gejohl, und im raunen buschichter kronen des laubwalds auch das fiepen kleiner nager, und in allen schon klopfet ein herz *schließen Sie nun den plattenspieler ans netz an und schalten Sie ihn durch das drücken der taste POWER ein* ja spitzt nur die ohren von weither am himmelsgewölbe singt her euch gefiederter schar melodisches trillern und warbeln, ein pfeifen und zwitschern und flöten, auch tschilpen und piepsen, weil, mergel und tuffstein sich reibend zu rauhem geschiebe, die alpen gefaltet, im tertiär vor dreiunddreißig *legen Sie die schallplatte auf und drücken Sie die taste 33* mal tausend mal tausend jahren, bis, zu enden die gesegneten, die menschenlosen äonen, jetzt schließlich, zwischen nashorn und mammut und ren, zwischen schneehase eisfuchs und ur, ein ächzen und stöhnen, das knurren aus haariger kehle, nenn mir, oh muse und bedeck dir das haupt doch verschließ nicht die ohren, den pithekanthropos, sein belfern und winseln, niedrig die stirn noch, es fliehet nein flieht das kinn doch die hand greift den faustkeil und zähmt bald das feuer, er hebt an *drehen Sie den schwenkarm über die schall-*

platte bis er einrastet gleichzeitig beginnt sich der plattenteller
zu drehen er erfindet das rad und er fängt an zu trällern zu
jodeln zu grölen, beginnet zu poltern und zu krakeelen,
kurz, er macht viel radau und er spricht nun auch schon,
ja er schwätzet und näselt und säuselt und brabbelt, er
nuschelt und lallt oder plaudert nein sprudelt ja schäumt
und er geifert, er kauderwelscht auch. und er blubbert
und quasselt, er weint auch und schluchzt, schließlich
singt er *drücken Sie die absenktaste, der tonabnehmer senkt*
sich auf die schallplatte, Sie hören sie nun und er schreibt
dann mit schabendem stylus mit kratzendem kiel, er
tackt auf dem word processor, sein herz aber schlägt
immer fort.

»komm rein, john. üben!«
　»ich kann nicht, frau mutter.«
　»warum nicht? komm rauf jetzt.«
　»so seh sie doch, frau mutter.«
　»ei was denn?«
　»so seh sie doch: die wolken!«
　»nu, und? das wird einen regen geben.«
　»ein kameel — ein wiesel — ein walfisch —«
　»was der bub wieder hat. du mußt heut noch zwei
stunden üben. jetzt komm rauf und setz dich ans clavier.«
　»so seh sie doch, frau mutter: *da droht ein leu — dort*
wogt ein elephant — kameeles hals, zum drachen umge-
wandt —«
　»du selberwolke kommst mir jetzt rauf ein kameel du
selbst. los, setz dich. fang an zu üben.«
　»wieder ärger mit john, mrs. field?«

»ach, der junge. er läßt sich treiben; ist tatenlos. er folgt zwar, aber er wirkt nicht. er ist nur bewirkte natur.«

die häufigen prügel daheim brachten mich immer wieder dazu, von zu haus auszureißen, wird field später dem kritiker fétis gestehen.

aufblickend vom forte piano hinterm fenster sommerliche wolkenberge, rauh geformt, vielfach verästelt

die ursprungsmythen als tanz & logos oder *imitazione della natura,* daß die magie der nachahmung die schrekken der natur banne, wie auch ernte- oder fruchtbarkeitszauber. oder doch kein ritus sondern müßiges spiel? wenn ein schäfer auf dem rohr bläst. oder einlullender gleichwie anfeuernder sang zum stampfen der hirse oder einholen des netzes?

sein weiches, verträumtes gesicht hatte den sanften elfenbeinton alter klaviertasten   *o'connor*

das elektrische potential der hügelwolken. wolken wie bänder wellen schaumkämme

das holz des tafelklaviers von schantz aus wien harzt einen ruch aus wie koriander zimt der lack aus der schreinerei in *camden street* wie in lavendelöl eingelegter taffet der firnis auf dem gemälde im salon mit ingwer und etwas pfeffer morsch das forte piano ein hungriges tier: der aufgeklappte deckel über der tastatur die geschürzte oberlippe entblößt eine lange gerade front ebenmäßiger elfenbeinerner oder schwarzkariöser zähne, dieses maul will gefüttert werden. um es zu besänftigen, streut der dreijährige field der bestie einen löffel zucker auf die tasten und wird für dieses benefiz vom großvater verhauen. oder die vorstellung, es sei ein triangulärer sarg für tote mit gespreizten beinen. wie oft möchte field sich hineinlegen und über sich den deckel schließen so wie er sich vor dem einschlafen die decke über den kopf zieht. und wie seltsam das tönt, dieses infinite verhallen, dies hohlmetallene schollern, wenn man einen kamm oder eine spielkarte auf die stahlsaiten wirft. ehrfurcht vor den pedalen — aber wenn keiner zuhört, die dämpfung aufheben und horchen, wie die töne in klangwolken verschwimmen

john field wird am 5.9.1782 in der st. werburgh's church getauft. die mutter, grace geb. marsh, und der vater robert, violinist am städtischen theater, bewohnen zu jener zeit ein zweistöckiges haus in der *golden lane*, einem gutbürgerlichen bezirk dublins. in demselben jahr erhält irland unter der ägide henry grattons zum erstenmal ein unabhängiges parlament, das sich, wenn auch nur für 18 jahre, bis zu jener fatalen *act of union* von 1800 behaupten darf. dublin avanciert zu einer fashionablen europäischen hauptstadt. in der city bieten großzügige klassizistische architekturen den rahmen für schauspiele, bälle, konzerte. vor eleganten backsteingrauen wohnhäusern mit ihren georgianischen fensterhalbrosetten über der

schwarz- oder rotlackierten tür, mit ihren goldenen tür-
klopfern und gußeisernen treppengittern halten sänften
und *hackney-coaches*, denen ein distinguierter herr, mit
silberknauf-stock, oder, das musselinkleid raffend, eine
dame entsteigt, um, von einem livrierten diener geleitet,
im eingange scheu zu entschwinden.

aufblickend vom forte piano fade wolken hinterm fenster
formlos zerfetzt geballt streifig flockig durchsichtig wie
schleier gleich watteballen die architektur der lüfte

seinen ersten musikalischen unterricht erhält john field
auf der violine von seinem vater, auf dem clavier von
seinem großvater, einem organisten. aus gründen, die
nicht bekannt sind, wechselt die familie häufig ihr
quartier: von der golden lane zur aungier street, wieder in
die golden lane, zur chancery lane, schließlich zur
camden street. john hat drei brüder: robert; isaac; robert
mark — und drei schwestern: ann; grace; noch einmal
grace. den neunjährigen john übergeben die eltern zu
finishing lessons dem komponisten und impresario tom-
maso giordani.

das schweigen in der musik ist wenn pausen oder wenn
noch nichts oder nichts weiter notiert, wobei die ganz-
taktpausen als kassiber am mittleren gitterstab der
notenlinien hängen das sind fünf querstangen die sich,
unterhalb des D oder oberhalb des g, abgestückt, noch
eine weile fortschichten können, indem sie den tiefer
oder höherliegenden notenköpfen quer durchs haupt ge-

stochen bzw. gestoßen, die taktstriche sind längsstäbe stangen das ganze ein eisenrost nein ein fallgitter darein klammern sich die noten und wollen ins freie. das starre auge der pupillenpunkt fixiert den ton unter der gewölbten braue ein haltan bleibstehn nichtweiter der festpunkt unterm halbcircularbogen eine fermate, das warbelnde gekräusel des mordents, die lockenwelle des doppelschlags, das marinewimpelchen der achtelnote oder deren zwei oder drei wenn sechzehntel zweiunddreißigstel usw., das geschrägte ästlein mit den eingerollten farnblättchen der achtel- oder sechzehntelpause, die donna eleganza des G-schlüssels eine pirouettenfüßelnde volute, der behäbige bauch des baßschlüssels mit den augengläsern auf der F-nase, das kreuz das die note sich aufbuckelt trägt etwas erhöht einen halbtonschritt lamm gottis auf gisgotha oder golgistha gott so ein stück kann der reinste friedhof sein, oder wieder hinab den bach herab auf b die erniedrigung verherrlicht worden durch Deine passion auch in der größten niedrigkeit, seltener der archaische altschlüssel um C, ein türschließer türgriff wie an der großen hall von *compton's vineyard* in derbyshire: field liebt diese zeichen.

nicht liebt field auf den titelseiten die verzückten allegorien, diese urnentragenden musen mit blumenkränzen sich schmiegend um den lyraschwingenden apoll während die heilige cäcilie aus einem füllhorn noten schüttet und dabei von einer schar geflügelter genien, schmerbäuchiger grazien umringt wird und putten, rosenwangig und fettsteißig, zum zwicken hold, traum jedes pädophilen, das lesson book heißt THE CHILDREN'S FRIEND und enthält tonleitern mit fingersatzbezeichnungen. field streicht das R in FRIEND mit der feder durch und erhält dafür vom großvater eine portion schläge. einmal mehr schmeckt ihm das allegorische dekor nach protestantischem sonntagnachmittag, nach vertiko bohnerwachs und kaltem rinderfett.

betrachten wir die noch ganz wie aus weichem teige gebauten hände des 8jährigen john field. *the phalanges of the fingers have only one proximal epiphysis; the metacarpals of fing. II-V have only one distal. from this, we can see the metacarpal of the thumb as the proximal phalanx of the thumb. the center of ossification of the trapezoid and lunate bones are still very small; that of the scaphoid is absent.* die finger zu schlaghämmerchen zu krümmen, ist kein kleines. gefordert werden die sehnen aller fingerbeuger in der mittleren hohlhandloge, insbesondere die zum *musculum flexor digitorum prof.* gehörigen *musculi lumbricales,* wobei die *rami dorsales* der *nervi digitales palmares proprii* die haut an der dorsalfläche des mittel- und endgliedes des 2., 3. und 4. fingers sowie die haut der dorsalfläche des endgliedes des 5. fingers innervieren. das *lig. metacarpeum transversum superficiale* verstärkt im bereich der interdigitalfalten die handfaszie und schränkt die übermäßige spreizung der finger ein, verhindert zudem eine zu große beugung eines fingers bei gestreckten nachbarfingern. für pianistisch besonders diffizile greifbewegungen — überschlagsfiguren, lange trillerketten, kreuzgriffe — kommen dutzende von knochen, sehnen, muskeln, nerven und blutgefäße ins spiel; dies gilt erst recht für die viehischen oktav- oder dezimenketten, die ein komplexes zusammenwirken von arm-, hand- und fingeranatomie erfordern. das üben von tonleitern ist eine besonders stupide viecherei. sie führt an den rand vollständiger verblödung, wobei die opposition zwischen daumen und restlichen fingern (bekanntlich eine besonderheit der *menschlichen* hand — der daumen des affen heißt nicht ohne grund *pollex rediculus*) wie die zwei schneiden einer schere, wie die zähne einer greifzange, ein doppelorgan von versatilen fähigkeiten schaffen: im anfange war *die tat*, und das spiel im handfeld zwischen daumen und fingern war die tat zwischen *musculus flexor pollicis longus* und *musculus opponens digiti minimi*, vom kurzen hohlhandmuskel ganz zu schweigen, der, eingebettet in ein mehr oder weniger kräftig ausgebildetes fettpolster, gleichsam als schutzhülle über den o. a. muskeln liegt und bei verkürzung seiner fasern die haut des kleinfingerballens in falten zieht. bei einer vierstimmigen fuge in c-moll zum beispiel, etwa im bereich der engführung, begrenzen die streckersehnen die *faveola radialis*, an deren boden die *arteria radialis* zu finden ist; die sensiblen endäste des *nervus radialis* bzw. der *nervi digitales dorsales* überqueren jene kleine grube, in deren tiefe man die sehne des *musculus extensor carpi radialis longus*, das *os scaphoidum* bzw. *os naviculare*, das *os trapezium* und die basis des *os metacarpale* betrachten kann. jetzt, da die fuge über einem orgelpunkt ausläuft, um am ende in pseudosechsstimmigem kontrapunkt in die plagale kadenz zu münden, verläßt das ulnare gefäßbündel, das unmittelbar

radial vom *os pisiforme* zu lokalisieren wäre, die hypo-
thenarloge durch einen schmalen spalt und biegt bogen-
förmig in den mittleren hohlhandraum ein, wo sich
durch eine *anastomose* mit dem oberflächlichen ast der
arteria radialis dicht unter der *palmaraponeurose* unmittelbar auf den beugersehnen der *arcus palmaris superficialis*
bildet. doch vom spreizen der finger in streckstellung abgesehen, ist ein aus- und einwärtsdrehen um ihre längs-
achse nur passiv möglich; so kann beispielsweise in form
des fixierens der *distalen phalanx* mit der anderen hand
ein drehen im grundgelenk ausgeführt werden — ein
willkürliches, aktives fingerrollen ist jedoch nicht möglich, zumal die hierfür erforderlichen muskeln fehlen:
auch besitzt eine derartige bewegung im grundgelenk für
die hauptarbeitsleistungen unserer finger keine biologi-
sche, sondern allenfalls eine musikalische bedeutung,
wie denn überhaupt das musizieren auf tasten die exzen-
trischste funktion der scharnier- und winkelgelenke dar-
stellt, wobei jeweils der gelenkkopf von einer gekehlten
rolle, die auf dem distalen ende der grund- und mittel-
phalanx sitzt, sowie die gelenkpfanne von der flachen,
mit einer führungsleiste ausgestatteten basis der nächst-
folgenden phalanx gebildet wird. die wiederum dorsal
sehr schlaffe und dünne gelenkkapsel des 8jährigen john
field wird volar durch faserknorpel, lateral und medial
durch sehr kräftige seitenbänder verstärkt, die von
einem grübchen an der seitlichen begrenzung der rolle
ihren ursprung nehmen und zum seitenrand der basis
verlaufen, wodurch zugleich die einzig möglichen bewegungen — beugung und streckung — gesichert werden.

die hörbarmachung von musik (wobei musik hier als ein corpus von werken gemeint ist, die nicht *notwendig* hörbar gemacht werden müssen) wäre demnach ein unlösliches amalgam aus technischer intelligenz und mechanischer stupidität, aus ingeniöser anatomie und konditioniertem stumpfsinn, ein wunderliches ineins von debiler fummelei und geistigem sternenflug, ein laboratorium das mit dem zug blutiger fasern, mit dem druck gallertiger knorpel, der bewegung eines einzigen kalziosen körperzweigleins uns einen ganzen himmel herniedersteigen lassen kann.

am 24.3.1792 debütiert john field öffentlich im ersten von drei *spiritual concerts*, die in den, an der *sackville street* gelegenen, *rotunda assembly rooms* als teil eines vergnügungsprogramms stattfanden, ähnlich den londoner *vauxhall* oder *ranelagh gardens*, von denen sich haydn in seinem londoner tagebuch so entzückt zeigt. die offizielle ankündigung lautet »*madam krumpholtz's difficult pedal harp concerto performed on the grand piano forte by master field.*«

the pedal harp concerto on the piano forte by master field was really an astonishing performance by such a child, and had a precision and execution far beyond what could have been expected. *dublin evening post, 27.3.1792*

ein weiteres konzert wird angekündigt: »*the much-admired master field, a youth of eight* (sic) *years who will perform on the piano forte, a new concerto composed by signor giordani.*«

an die reeling gelehnt das stille wesen der wolken mit gelassenem schwermütigem blick

im sommer 1793 verläßt familie field auf einem paketschiff von dublin in richtung bristol die irische heimat.
reiseziel ist bath in england. der anlaß dieser umsiedlung
ist nicht bekannt. john field wird irland nicht wiedersehen.

am 23. juli 1793 befand sich das paketschiff h. m.»maia«
vor anker im hafen von bristol. gegen 2 uhr nachmittags
kam ein heftiges gewitter aus westen, das über bristol
hinwegzog und mehrmals einschlug. als die ersten regen-
tropfen aufs deck fielen, wurde unsere aufmerksamkeit
gefesselt von einem hellen licht in der nähe des oberen
teiles des vordermastes. als wir es zuerst deutlich sahen,
war es etwa halbmast hoch und fiel langsam und direkt
auf das deck. das licht war eine feuerkugel von zarter, ro-
senroter farbe, birnförmig, mit dem breiten ende nach
unten, und schien etwa 4 bis 5 zoll im durchmesser und 6
oder 8 zoll in der länge zu messen. als es das deck, etwa
40 fuß von uns entfernt, traf, erfolgte eine laute explosion; ein matrose wurde niedergeworfen, erholte sich
aber schnell; in der schiffsküche schlug die entladung
einem koch die zinnpfanne aus der hand und brachte
alles in unordnung, ohne jemand zu verletzen. ein starker ozongeruch wurde unmittelbar nach der explosion
bemerkt und hielt einige zeit an. der kommandierende
offizier sah gleich nach dem schlage »blitzstreifen wie
schlangen auf dem deck umherlaufen«. auch wir, die wir

nur für einen moment von der explosion betäubt waren, sahen deutlich, daß das vorderdeck von einem hellen, verschwommenen licht illuminiert wurde. nachdem der sturm vorübergezogen, zeigte eine besichtigung, daß das schiff selbst keinen wesentlichen schaden genommen hatte, und wo die feuerkugel explodiert war, waren nicht einmal bleibende spuren an deck zurückgelassen.

meteorological survey, london 1794, vol. ii, p. 14

maia heißt die regenwolkengöttin, mutter des hermes, der geboren in der höhle der kyllene, der wolkenhöhle

Bath und London 1793–1802

bath ist eine der schönsten städte in europa, alle häuser
von stein gebaut, diese steine werden von den herumlie-
genden bergen gebrochen, sie sind sehr weich, so zwar,
dass man sie mit sehr leichter mühe in alle formen
schneiden kan, sie sind sehr weis; und wie länger sie aus
der erde seyn, desto härter werden sie, die ganze stadt
liegt in einer anhöhe, es sind derohalben wenige kut-
schen, statt dessen sind eine menge trag sesseln, mit welchen man sich eine gute strecke um 6 pence kan bedie-
nen lassen. nur schade, daß sehr wenig in gerader linee
gezogene gassen sind; es sind eine menge schöne pläze,
worinen die vortreflichsten häuser stehen, wohin man
aber mit keinem wagen komen kan; man macht nun
eine ganz neue, breite gasse. alle montag und freytag
abends werden alle glocken exercirt — — dan ausser
diesen wird sehr wenig geklinglet. die stadt ist nicht
volckreich und man sieht im somer sehr wenige menschen dan die baad gäste komen erst anfangs october und
bleiben bis halben februari. sie kamen aber in sehr gros-
ser menge so daß anno 1795 25,000 persohnen allda
waren. alle inhaber leben durch diesen zulauf, ausser wel-

chen die stadt sehr arm seyn würde: es sind sehr wenige
kaufleite und fast gar kein handl und ist alles sehr theuer,
das baad ist von natur sehr warm, man badet, und man
trinckt das wasser, allgemein ist das lezte. und man zahlt
sehr wenig, um sich zu baaden kostet es allzeit 3 schil-
ling. ich machte allda bekanntschafft mit miss brown
eine liebenswürdige persohn, von bester conduit, gute
clavier spiellerin, die mutter ein sehr schönes weib: die
stadt bauet nun einen sehr herlichen saal für die baad-
gäste. *haydn, londoner tagebuch*

rousseau und shaftesbury im dialog: höhenrauch (*summer
haze*) über lincolnshire. wolken leuchtend leicht in weitem abstand von der erde *chiaroscuro* geschichtet: sere-
nität spielt mit düsterkeit

heute besahe ich die stadt und fande an der helfte des
bergs ein gebäu in form eines halben mondes, so präch-
tig, was ich nie in london gesehen. diese runde belauft
sich auf loo klafter, und nach jeder klafter ist eine corin-
tische säule. das gebäud hat 3 stockwerk, rings um her ist
das pflaster an den häusern 10 fuß breit für die persohnen
so zu fuß gehen und a proportione ist der fahrtweg mit
ein eisernen gatter umgeben von welchen alsdan ein ter-
ras bey 50 klafter tief hinab successive in der schönsten
grüne hinab geht, beiderseits sind kleine weege um sehr
comod hinab zu komen. *haydn, londoner tagebuch*

in englands städten ein geruch nach pferdekot morschem
holz und saurem bier ja immer säuerlich irgendwie auch

nach dem lederzeug das von pferden durchgeschwitzt,
und nach feuchtem steinpflaster wenn ein frühjahrs-
regen

kleine comedien, gaukeleyen, seiltanzerey, carlatanery,
zahnartz, unter allerl. lumpen gesindl *haydn, londoner
tagebuch*

kontrapunkt ist wenn verzahnt oder gezähnt nicht durch-
flochten also kein ambrosischer kranz sondern ineinander verbissen das zackichte mahlwerk der stimmführung,
ein kanonisches raspelwerk oder vielmehr wäre die fuge
dann eine lücke im gebiß nämlich eine geritzte nein
gewetzte form die das thema gründlich zerkaut in der
engführung der eckzähne, punctus contra punctum,
krone versus füllung: die polyphonie der prämolaren mit
dem langen orgelpunkt der mahlzähne gut, langsam, ge-
duldig durchgemüllert im palestrinastil, kann auch ein
zähes leder sein, wenn das neunzehnte jahrhundert im
palestrinastil schreibt ein widerkäuen, kann aber kontrapunkt auch ein reißendes beißen sein, rasch und harsch
abgeraspelt die motivsplitter, beethovens fuge opus 133
wie wenn raubkatzen sich um einen kadaver streiten

mister march ist *zahnartz*, carossieur und weinhändler
zugleich. ein mann von 84 jahr. hält eine sehr junge
maitreß, hat eine tochter von 9 jahren, welche zimlich
gut clavier spielt. ich speiste ofters bey ihn. nb. als zahn-
arzt gewinnt er alle jahr 2000 pfund, jeder wagen kost
wenigstens 500 pfund. als weinhändler wird der profit

denke ich nicht gar zu groß seyn. er schleppt sich auf zwey krücken, oder 2 hölzern füssen. *haydn, londoner tagebuch*

duftig schweifender cirrus, wolken graublau blaßviolett elfenbein über klassizistischem sandstein, die georgiani-sche stadt goldbacken in der abendsonne. dann wieder wild hinfahrende bänder flecken kränze ballen und klum-pen aus weiß und grau

aus den quellen ist über den aufenthalt der familie field in bath nichts zu erfahren. noch vor anfang der winter-saison 1793 verläßt robert field mit grace marsh und den kindern den luxuriösen badeort, um an londons *haymar-ket theatre* eine stellung als violinist im orchester anzutre-ten. (eine verwandtschaft mit thomas field, der in baths *new assembly rooms* als pianist fashionable concerte gibt und später organist von bath abbey wird, besteht nicht.)

ein schäfer der grafschaft kent hütete, unweit londons, auf den feldern seine herde, als ein gewitter sich erhob; er suchte, wie es diese leute hartnäckig zu tun pflegen, unter einem baume einen zufluchtsort. kurze zeit darauf fühlte er eine erschütterung am oberen teile der linken achsel, und da er den gebrauch der beine ganz und gar verlor, fiel er zu boden. als man ihn in seine wohnung übertrug, hatte er noch vollkommen sein bewußtsein, aber er klagte über schmerzen im rücken und in den bei-nen. die untersuchung, welche vom arzte, der ihm zu hülfe gerufen wurde, vorgenommen wurde, ergab eine

auffallende wirkung des blitzschlags. von der linken achsel bis hinab, den ganzen rücken einnehmend, zeigte sich
auf der haut und in einer intensiv scharlachroten farbe
die zeichnung eines strauchastes mit zahlreichen verästelungen, welche so fein als wie mit einer nadelspitze ge-
zeichnet waren. der stamm hatte fast drei viertel zoll in
der breite und das allgemeine aussehen war das eines
farnkrautstockes mit sechs oder acht verzweigungen. die
ganze erscheinung war vorzüglich reproducirt und auf
dem rücken des patienten wie abgedruckt.   *medical re-
view, london 1794, vol. iv, p. 211*

der quartsextakkord die zweite umkehrung des grund-
akkords, also z. b. GCE statt CEG, die stütze von unten
eine tieferräumige als das polster nach oben, damit also
der grundton des grunddreiklangs in der mitte liegen
kann unten die holzbohlen oben die gipsdecke dazwischen der kopf, die quart und die große terz nur durch
einen halbton getrennt dadurch das dach etwas breiter,
dach oder feld, diese offene terz, der die quinte der quin-
tendeckel nach unten gefallen ist, field oder marsh, felder und marschen. schön das größere intervall das jagd-
intervall klang im feuchten laubwald vor gewitter also
dies nicht auf offenem feld, da eher die zweite nein die
erste umkehrung eher für feld mit grundton oben, weil
feld himmel oben offen, der himmel schließt als grundton ein plafond, wobei für die elektrische spannung vor
dem gewitter ein feldstärke-meßgerät

clementi spielt gut. seine force sind die terzen passagen.

übrigens hat er um keinen kreutzer gefühl oder geschmack. ein bloßer mechanikus, ein ciarlattano wie alle
wälsche. *w. a. mozart, 12.1.1781 / 7.6.1783*

london im jahr 1793 ist auch die stadt gefeierter klavier-
virtuosen. sie heißen dussek, clementi, gyrowetz, cramer
und hummel. john field wird von seinem vater für ein
lehrgeld von 100 guineas p. a. an muzio clementi als
apprentice übergeben: das heißt, als schüler lehrling und
gehülfe sowie als *salesman-demonstrator* in der musika-
lien- und clavierfirma CLEMENTI & CO.

der terzquartakkord dann die erste umkehrung des drei-
klangs, also z. b. EGC statt CEG dabei die brechung
nein schichtung der akkorde als lichtbrechung anzusehen, so daß sie also in korrespondenz mit dem einfalls-
winkel der sonne je nach tageszeit, dann wäre der grund-
akkord mittagslicht 12^h, quartsext 15^h, terzquart 18^h
warmes goldenes spätnachmittagslicht wie so oft in
beethovens opus 73 oder 97 bei field oder in england

einer jener hellen, silbrigen frühlingstage, an dem mittags große, grelle, mit hagel und schloßen geladene wolken ihre breiten schatten über die felder, gehölze und
hügel fegen und durch ihre tiefen töne die lebhaften
grüns und gelbs verstärken, die für diese jahreszeit so
charakteristisch sind. *constable*

sich tief verbeugend: »kann ich Ihnen behilflich sein?«
knapp sich verneigend: »ich möchte mr. clementi spre-

chen. wir hatten einen termin zur acquisition eines forte piano vereinbart.«

»lord liddell von compton's vineyard? eure lordschaft verzeihen, signor clementi ist in geschäften unterwegs.«

kopf vertraulich gesenkt; augen geweitet; arme über der brust verschränkt: »hörte, daß pleyel in paris eine dépendance eröffnet?«

»das stimmt, mylord. signor clementi weilt in paris. mein name ist field. gern führe ich mylord unsere instrumente vor. darf ich eure lordschaft bitten, mir ins comptoir zu folgen?«

»nicht so hastig, sir. und nicht so beflissen. im reich der künste soll es nur herren geben, keine knechte.«

»mylord entschuldigen — aber wer dient dann den werken? vorausgesetzt, das reich der künste sei eine republik der werke.«

zu boden blickend: »eben eine république — keine monarchie, sir. blicken Sie nach frankreich: was denkt man in Ihren kreisen über die ereignisse dort?«

arme kreuzweis um die brust geschlungen, dabei sich mit den händen die schultern reibend: »uns fröstelt, mylord. dieser umsturz führt uns vor augen, wie unsicher alle menschlichen verhältnisse sind, und wie gefährdet die kultur, alles was wir errungen haben. mylord verzeihen, ich bin kein mensch der worte sondern der töne, die lange einzelhaft am clavier, verstehen Sie? wir musiker sind in unseren äußerungen immer etwas beschränkt, müssen wohl so unbeholfen sein —«

»zum glück sind nicht alle beschränkten auch musiker —«

gestrafftere haltung; aufblickend: »lassen mylord es mich so ausdrücken: das vertrauen in die natur, der enthusiasmus, in ihr ein reich der freiheit und des friedens zu finden, sind geschwunden; was wir jetzt erleben, ist eben nicht, was rousseau uns ans herz gelegt, sondern ein ausbruch entfesselter, gesetzlos gewordener, elementarer naturkräfte.«

»— sofern ein stück historie überhaupt ein stück natur sein kann, meinethalben. also antwortet unsere kultur mit dem triumph des klassizismus über das erhabene. ist das nicht sonderbar, sir? die architekten erheben die vernunft über die natur und folgen, ohne es zu wissen oder zu wollen, der schreckensherrschaft der vernunft in paris. den garten jedoch legen sie als pittoreske wirrnis an: entfesselt, gesetzlos, elementar. wir in derbyshire halten es da nicht anders. den schrecken des umsturzes bannen wir in umgestürzten uralt-eichen, die labyrinthe unserer parkwege spiegeln uns den rätselhaft verschlungenen lebensweg; jeder künstliche wasserfall schwemmt uns die alte ordnung hinunter, jede künstliche ruine steht uns als antezipierte erinnerung unseres landschlosses, mit überwucherten grotten nehmen wir unsere eigenen gruften vorweg. kurios — wie, sir?«

»eher pittoresk, mylord.« *im weitergehen:* »hier sehen eure lordschaft nun ein forte piano von clementi, das —«

wegwischende handbewegung: »das kenn ich schon; aber da drüben — kann er mir das einmal vorführen?«

mit schwungvoller gebärde: »das instrument dort in der ecke? darf ich bitten — hier: die signatur auf dem vorsatzbrett: *John Broadwood & Son/ Makers/ to His Majesty*

& the Princesses/ Great Pultney Street, Golden Square/ London. auf der rückseite des vorsatzbretts ist die nummer *289* eingestanzt, das deutet auf die herstellungszeit *1794.* das gestell hat 4 vierkantige beine auf laufrollen und — beachten mylord bitte die delikate lyra — pedale an der verbindungsleiste zwischen den beiden vorderen beinen. die untertasten sind selbstverständlich aus elfenbein, die obertasten aus ebenholz. der umfang beträgt fünf oktaven plus eine quinte von F_1 bis c^4. die besaitung ist durchgehend dreichörig, mit vier eisernen stimmstockspreizen.«

kinn auf daumen und mittelfinger gestützt; zeigefinger in die wange gedrückt: »die pedale besagen —?«

»die pedale bedeuten: verschiebung; dämpfung im baß von F_1 bis h; dämpfung im diskant von c^1 bis b^2.«

»ab h^2 also ungedämpft, ah ja. — sag er: das hat doch die englische mechanik, nicht wahr? mit nach hinten gerichteten hammerköpfen?«

»mylord haben recht. sollten mylord die wiener prellmechanik vorziehen —«

»er meint: mit auslösung, wo der hammer nach dem anschlag sofort zurückfällt?«

arme nach rechts gestreckt; mit offerierender geste die hände zu einer schale gekrümmt: »wir hätten hier einen stein-hammerflügel; darf ich mylords aufmerksamkeit auf die kupferstichvignette auf dem resonanzboden lenken: *Jean André Stein/ Faiseur d' Orgues, des Clavecins,/ et Organiste à l'Eglise des/ Minorittes, à Augsbourg/ 1791.* der korpus ist kirsche furniert; ganz entzückend die schach-

bretteinlagen auf dem deckel; innen ist er mit lila tape-
tenpapier überzogen —«

*von ganz nah mit dem lorgnon betrachtet; die brauen ge-
rümpft:* »— mit weißen palmetten und grünen blattranken, *very nice indeed.*«

»das instrument hat vier gedrechselte, schwach kan-
nelierte beine. hier innen, hinter der tastatur, moment,
das haben wir gleich, hier: holzkapseln — kanzellenfüh-
rung — stiefeldämpfung mit abnehmbarer schutzkappe,
eine hölzerne stimmstockspreize. die besaitung ist durchgehend zweichörig; der umfang geht über fünf oktaven
von F_1 bis f^3. der kniehebel dient einer doppelseitig
wirksamen dämpfung.«

kinn auf die brust gestemmt: »das ist allerdings ein ex-
cellentes stück. übrigens kam mir zu ohren, der erard in
paris —«

»— hat just eine filiale in london eröffnet —«

»nein, man munkelt, er bereite ein patent auf eine
doppelte auslösung vor, à *double échappement*, die es ge-
statte, die töne schon bei halbem tastenfall zu wiederholen.«

»ach ja, die repetitionsmechanik. hab davon gehört,
mylord. scheint aber noch nicht bis zur serienanfertigung
gediehen zu sein. so viel ich weiß, arbeitet erard weiterhin mit seiner stoßzungenmechanik, wo die hammerköp-
fe nach vorn gerichtet sind, nicht wie bei broadwood
nach hinten.«

»dann ist wohl auch der klang ein anderer? unsere
englischen instrumente tönen eher leis, dunkel, aber
körnig, perlrund, äh — wie soll ich sagen — wie, sir?«

»das ist ein sprachproblem. mylord gestatten, daß ich
für klänge keine worte weiß. es gibt ihrer zu wenig. sie
stimmen selten. wir musiker denken nicht in worten, sie
sind ja nur bilder.«

die achseln zuckend: »gewiß, aber es wird doch wohl er-
laubt sein, sir, für die sprache der töne eine andere zu
suchen, eine traduction, er versteht was ich meine?«

mit vorgeschobener unterlippe: »ich verstehe vollkommen. aber, mit verlaub, wir können doch nie beschreiben, sondern allenfalls umschreiben, und das ist entweder blumiges gerede, oder so bestimmt, daß es die notwendigkeit einer eigenen unbestimmten tonsprache
nicht mehr erkennen läßt. finden wir das zauberwort,
dann verlieren wir die musik —«

»— was auch ein blumiges bild ist. — sag er mir aufrichtig, sir: wofür hält er mich?«

»aufrichtig, mylord: für einen gebildeten dilettanten.
dieser ist der wichtigste träger unserer musikalischen kultur und wird darum vom praktischen musiker verachtet.
er verachtet den, dessen brot er ißt. mit argwohn spürt er
eine kennerschaft, die sich nicht aus arbeit, sondern aus
muße und kontemplation nährt. er weiß, daß das ent-
schlüsselte sinnganze nicht mehr dem hersteller gehört,
sondern dem erwerber. für diesen gibt es ›das werk‹ — für
jenen, der sich am kleinsten, am einzelnen die zähne
ausgebissen hat, gibt es nur problemlösungen.«

gereizt die hände in die taschen steckend: »wir dilettanten
haben davor mehr respekt als ihr vor uns. aber was ihr er-
schafft, das dürfen wir poetisieren — es wäre ohne poesie
nämlich nur leeres getön! was will denn eine sonate?

schall organisieren? lange weile töten? die stille mit ge-
klingel und gestampf auspolstern? das klappern des tafel-
geschirrs übertönen? — wie alt ist er?«

leichte verbeugung: »sechzehn jahre, mylord.«

»er ist ein gewetzter kopf für sein alter — aber was
weiß er schon von all dem, was nicht musik ist, aber aus
tönen erst musik macht — wie, sir?«

»verzeihen eure lordschaft, ich habe keine höhere
schulbildung, bin nie auf eine universität gegangen. ich
meine, musik soll ein stück natur malen. sie soll etwas
darstellen: einen affekt, ein symbol, ihre eigene kunstfer-
tigkeit — ich weiß nicht, ob ich mich verständlich —«

mit der hand wegwischend: »unsinn, sir. musik soll nicht
malen. sie soll rühren. sie soll die sprache des menschlichen herzens selber sein und wieder zum herzen sprechen. diese alten inventionistischen tricks, diese concet-
ti und tönenden devisen: das haben wir doch längst hinter uns.« *mit der einen hand die handschuhe an der kante der
anderen glattschlagend:* »nur dies noch, sir: man ist nie so
allein wie mit großer musik.«

lächelnd: »mag sein, mylord. am einsamsten aber sind
die werke selbst. darf ich signor clementi ausrichten, was
eure lordschaft zu bestellen geruhen?«

nach hut und silberknauf-stock greifend: »Wir werden
von Uns hören lassen. er hat sich ja notiert: liddell von
compton's vineyard, derbyshire. mr. clementi meine auf-
richtige empfehlung.«

»ergebensten dank, eure lordschaft. einen schönen tag
wünsche ich noch.«

»danke, sir. sieht ganz nach regen aus. einen schönen
tag.«

ils sont des bêtes sauvages   *john field über die engländer*

das vergnügen, den wechsel der atmosphäre zu beobachten, das wachsen der gewitterschauer, die oft zu mittag heraufkommen und die gegen abend auseinanderbrechen und sich in flocken und zarte wölkchen auflösen
shelley

field a young boy, which plays the pianoforte extremly well   *haydn, londoner tagebuch*

john fields vater robert entschwindet hier aus der überlieferung. von ihm ist nichts weiter bekannt, nicht einmal sein todesdatum. 1795 werden die ersten kompositionen von john bekannt: variationen über *fal lal la, the much admired air in* THE CHEROKEE, und ein rondo über *signor del caro's hornpipe*. das älteste erhaltene autograph, ein einzelnes notenblatt, ist ein 31taktiges rondo in A. die besitzerin, mrs. alpe von hardingham hall, attleborough/norfolk, hat auf dem kopf der seite notiert: »*this fragment was merely intended as a specimen of his manuscript powers at that early age, and I believe was never published or completed. the passage in semitones originally terminated on D. sharp, but on mr. clementi's suggestion that it was harsh, field immediatly altered it as above.* 1798 publizieren LONGMAN & BRODERIP *the two favourite slave dances in* BLACKBEARD, *arranged as a rondo*. 1801 werden die drei clementi gewidmeten sonaten op. 1 veröffentlicht. in dieser zeit notiert sich thomas holcroft in seinem tagebuch: »*he is a youth of genius, for which clementi loves, admires, and instructs him; highly to his own honour*«.

die variationsform der farbig gestaffelte paravent, auf dem blumen oder schmetterlinge getuscht, oder auch ein plisseerock, als fächerte sich das gleiche ungleich gevielfältet auf und wieder rund bzw. glockenförmig, also glokkenblumen, auf denen papillons als geblümte arabesken kreisend wie schmetterlinge, die schmetterlingssymmetrie der dreiteiligen liedform a-b-a oder aa-bb-aa jede dacapoform ein rorschach-test, es hängt alles zusammen und verbindet sich, wenn sich welche bei der hand fassen ein reigen ein ringelspiel reihum locker gefügte sternsymmetrie der blumen auf dem glockenrock mit plisseefalten die rondo-form

1798 regiert georg III. ein prosperierendes, aber von den turbulenzen der französischen revolution verstörtes, intellektuell aufgewühltes land. die künste fröstelt's, sie schlagen sich den kragen hoch. es ist eine subkutane trauer und unsicherheit, die sich noch bis in die feinsten modulatorischen verästelungen des londoner haydn nachweisen läßt. während sich in den großen schauglasfenstern der londoner city die nervös über den himmel fliegenden cumulusballen spiegeln, winken die werke dem *ancien régime* mit dem batisttüchlein ihr *farewell*. in diesem jahr sitzt john field dem maler *a. m. shee* modell. das porträt des jungen pianisten wird das einzige werden, das der nachwelt eine individuierte, verläßliche physiognomik hinterläßt. es ist ein brustbild vor dunklem, eingebräuntem hintergrund: eine tastatur ist da schwach zu erkennen, nur eine sachte andeutung von tonkunst; klanggetränkte aura. dem betrachter des konterfeis wirft field im schwarzen rock, ein großes weißes seidentuch um den hals geknotet, unter locker fallendem rotem haar, in dem kerzenwarme lichtreflexe spielen — eine beatles-frisur, die wie frisch shampooniert wirkt — aus ovalem halbprofil einen distanzierten, kühlen, introvertierten blick zu; die trotzig vorgeschobene unterlippe bespricht einen mürrischen, um nicht zu sagen vorwurfsvollen ausdruck, wiewohl auch eine gelassene empfangshaltung den mund zu prägen scheint und im verein mit dem gesellschaftsfähigen habitus —: fashionable, zugleich lässige kleidung; aufrechte körperhaltung; der kopf auf dem weißen tuch wie auf einem büstenpiedestal ruhend — den abweisenden ausdruck der augen in einen abwesenden wendet, der dem eigenen inneren geschehen die treue zu halten verspricht. derart verschränken sich in dem porträt jugendlicher trotz und künstlerischer hochmut: gerade 16 jahre alt ist der junge, der mit den von seewind und regenwetter geröteten wangen unter der seidenroten haarwelle seine irische herkunft nicht verleugnen kann.

1798 war ein jahr zahlreicher ballonflug-versuche. ein düsteres nebelmeer, durch dessen lücken grüne fluren, straßen und häuser heraufblickten, wogte im schatten der wolkenberge unter uns; in rascher folge schossen traubig geformte ballen in korkenzieherartigen windungen empor, die bald wie in parade still standen, bald, vom winde zerzaust, in kurzer frist zerstieben. in ca. 2500 fuß höhe dahinschwebend, sahen wir mit drohender schnelligkeit eine dunkle wolke uns nacheilen, die uns schon nach wenigen augenblicken aufnahm und in ein undurchdringliches grau hüllte. dabei stieg der ballon fortwährend über seine gleichgewichtslage hinaus, von einem wirbelsturm emporgerissen. nach ungefähr zwei minuten dauer begann die gondel so stark zu schaukeln, daß wir uns mit beiden händen an die haltestricke klammern mußten, um nicht herausgeschleudert zu werden. dabei bedeckten sich unsere perücken mit dichten eisnadeln und heftiger frost stellte sich ein, in dem unsere glieder erstarrten. zum glück dauerte die ganze affaire nicht mehr als 20 minuten. in der großen cumuluswolke war, wie ich dies fast stets gefunden, ein wirbelartiger wind, welcher die einzelnen teile der wolke in wilder jagd durcheinander trieb. dieser wirbel ist häufig so stark, daß der montgolfier dadurch in geradezu gefährliche schwankungen geraten kann. ich entsinne mich zweier fahrten, wo wir uns auf den gondelboden kauern und krampfhaft an den gondelleinen anklammern mußten — so stark waren die schwankungen des ballons, in welchen der wind eine delle eindrückte und durch sein sausen eine unheimliche musik hervorrief. *the spectator, 11.4.1798, p. 2*

while we were at table a young gentleman named field, an élève of mr. clementi, sat down to the pianoforte and gratified the company by playing one of *bach's fugues*, in which, by force of touch, he maintained a clear distinction in the four different parts. *william gardiner*

so schön wetter, als in deutschland ohngefähr im monath juli seyn kan. der may hingegen ware sehr kalt. die helfte juny und den ganzen monath july war sehr heiß, und ohne regen. man bethete um regen, es giengen der großen hitze wegen sehr viele menschen in der tamse zu grund, weil sich so viele allda baaden. manche sind im stande 2 stunden weit zu schwimmen, wenn sie aber die fluth ertapt, sind sie verlohren. *haydn, londoner tagebuch*

am 7.2.1799 wird im *king's theatre* fields erstes klavierkonzert in Es uraufgeführt. das benefizkonzert wird vom *The New Musical Fund Established for the Relief of Decayed Musicians, their Widows and Orphans Residing in England* veranstaltet. der erfolg des werkes und seiner pianistischen ausführung legt den grundstein zu fields europäischer reputation.

ich finde die instrumentation des werkes einzelne thematische aspekte auch die dudelsack-quinten zu beginn des letzten satzes erweisen den überragenden einfluß der letzten 12 »londoner« symphonien haydns auf die orchesterkomposition um 1800 der alla marcia charakter des ersten allegro zeigt aber noch spuren des mozartschen konzerttypus erweitert um einflüsse viottis dusseks und natürlich clementis, jedenfalls anders als der wiener konzertstil unverwechselbar fieldish bereits ist die emanzipation des klavierparts vom thematischen material gerade auch in den langsamen variationen über *twas within a mile from Edinboro' town* des mittelsatzes, ich glaube das klavier ist an motivischer abspaltung und fortspinnung nicht mehr interessiert vielmehr verselbständigt sich überall dieses intrikate bosseln an der ornamentik, ein besessenes elaborieren von passagenwerk das die kategorie ›effekt‹ oder ›virtuosität‹ übersteuert und statt dessen, aber das ist ja gerade das irritierende weil das melos so unwiderstehlich innig, mit charme, in herzlichem liebenswürdigem ton spricht, in morgenschöner jugendlichkeit, das passagenwerk also statt dessen den immanenzrahmen der gestaltung sprengt in richtung auf ein experimentelles zumindest offenes potential von klaviertechnischer materialaushorchung bzw. auslotung und, ich weiß nicht wie ich es ausdrücken soll aber ich finde die klassische autonomie-balance ist schon gestört der motivische dialog in konfusion, die teile fliegen auseinander und spreiten die schwingen.

die *cloudiness* der landschaft unter dunklem himmel und in treibendem wind unstete sonnenstrahlen regenschauer wechselnde schatten auf dem grase die spuren der dämmerung zwischen bösen wolken, *siehe ruskin*

auf einladung pleyels verläßt 1802 clementi, in begleitung fields, england. die reise führt zunächst nach paris. ein aufenthalt in wien soll sich anschließen.

den 30^{tn} may war ein so heiter tag, daß man nach 9 uhr abends jede schrifft lesen konte. *haydn, londoner tagebuch*

Paris und Wien 1802

als ich am 2. august 1802 mich während eines gewitters, nachmittags um 3 uhr, in der kirche zu st. michele in dijon befand, sah ich plötzlich zwischen den beiden ersten pfeilern des großen schiffes eine flamme von stark feurig roter farbe erscheinen, die in einer entfernung von drei fuß über den steinernen fliesen der kirche in der luft schwebte. diese flamme erhob sich dann zur höhe von 12–15 fuß und wuchs dabei an umfang. darauf setzte sie ihr aufsteigen in diagonaler richtung einige toisen weit bis in die nähe des gehäuses der orgel fort und endigte dann, sich ausdehnend, mit einem knalle, ähnlich dem einer in der kirche selbst abgefeuerten kanone. *journal des sciences, vol. xiv*

schmidt, damals klavierfabrikant, hatte die bekanntschaft meines großvaters gemacht, an diesem gefallen gefunden, und kam nun wöchentlich mehrere male in das haus des scharfrichters. die vorliebe für musik knüpfte zwischen ihm und charles-henri sanson, der auch ein musikverehrer war und ganz leidlich die violine und das violoncello spielte, ein inniges freundschaftsband; das spielen gluckscher musikstücke näherte sie einander mehr und mehr. schmidt kam bald alle tage. während er auf dem klavier spielte, ließ charles-henri sanson seine violine oder sein violoncello ertönen. eines abends, gerade nach einer arie aus *orpheus* und vor einem duett aus *iphigenie in aulis*, kam man, das heißt mein großvater, auf den sehr beliebten instrumentenwechsel, wenn ich dies schreckliche wortspiel hier anwenden darf; man vertauschte nämlich klavier und geige mit der fraglichen enthauptungsmaschine, deren gestalt charles-henri sanson mit so fieberhafter hast und ungeduld tag und nacht in erwägung zog. »hören Sie, ich glaube, daß ich eine maschine nach Ihrem wunsch erfinden könnte«, erwiderte schmidt, nahm einen bleistift und entwarf schnell mit einigen strichen eine zeichnung. dies war die guillotine! *tagebücher der henker von paris*

field und clementi treffen anfang august 1802 in paris ein. bei den soireen, die pleyel arrangiert, erzielt field seine stärksten wirkungen mit der darbietung bach'scher und händel'scher musik. seine aufführung des gesamten wohltemperierten claviers blieb in paris für viele jahre unvergessen.

das pythagoräische komma die unschärferelation in der quantenakustik der quintenzirkel eine art windrose oder umgekehrt jede tonart eine himmelsrichtung: field auf reisen, nach der windrose wie ein kreiselkompaß, ein kleines harmonisches labyrinth — manchmal personen die enharmonisch sich verwechseln, ganz alteriert in ihrem benehmen, so moduliert das durch die tonarten vor sich hin. es ist aber die freischwebende nein gleichschwebende temperatur im innern der karosse durchaus instabil: die passagiere müssen häufig nachstimmen, wobei die stimmstöcke an den deichseln befestigt und die saiten wie zügel gelockert oder angezogen je nachdem, d. h. alle radien alle radspeichen der kutschräder bzw. des quintenzirkels laufen in der zügelnden hand des kutschers zusammen, und darüber horcht wachsam das reiseauge dieweil auf dem bock der postillon in quint quart und oktavrufen die jagdintervalle *und dann ein reisender, o land so schön, von berg zu berg durch wolkenland zu gehn* (coleridge) je nach dem stand der windrose: windhosen und wasserhosen, meteore und blitze, die malerischen bilder farbiger wolken und goldenen dunstes, donner und regenbogen

(…) hatte ich eine recht schwierige probe zu bestehen, als mir robert eines morgens mitteilte, er habe einen kadaver *(un subject)* gekauft, und mich zum ersten male in den sektionssaal der *anatomie de la pitié* führte. der anblick dieser grauenhaften menschlichen fleischkammer, der zerstreuten glieder, fratzenhaften köpfe, der halboffenen hirnschalen, der blutige schlamm, durch den wir schritten, der empörende gestank, der davon ausging, die sperlingsschwärme, die sich um lungenteile stritten, die ratten, die in ihrer ecke an blutigen wirbelknochen fisselten — das alles erfüllte mich mit solchem entsetzen, daß ich durchs fenster der anatomie sprang, mit beiden beinen die flucht ergriff und keuchend nach hause lief.

(…) robert gelang es schließlich, mich zu einem zweiten versuche zu bestimmen. ich willigte ein, ihm abermals zur anatomie zu folgen, und wir betraten zusammen den saal des grauens. sonderbar! als ich die dinge wiedersah, die mir anfangs einen so tiefen abscheu eingeflößt hatten, blieb ich vollkommen ruhig und empfand gar nichts weiter als ekel bei kaltem blute; ich war mit diesem anblick schon so vertraut, wie ein alter routinier; das war abgetan. ja, es machte mir vergnügen, als ich eintrat, die halboffene brust eines armen leichnams zu durchwühlen, um ihre lungenspitzen den geflügelten gästen dieses lieblichen aufenthalts zu dedizieren. »so ist's recht!« lachte robert, »du vermenschlichst dich!

du nährst die vögelein mit liebendem gemüte.«

— »und jeglichem geschöpf gilt meine güte«, versetzte ich und warf einer dicken ratte, die mich hungrig ansah, ein schulterblatt zu. *berlioz, lebenserinnerungen*

eine in der kirche abgefeuerte kanone, und auf annähernd waagrechter basis große blütenweiße cumuli rundliches gewoge wie blumenkohl massen, die sich dehnen und erschauern, blühend und wuchernd ein H_2O-luftkarzinom vollkugelig zu den im wind knatternden bannern und standarten des invalidendoms, wo, funèbre et triomphale, das pontifikalamt zu ehren der gefallenen helden der julirevolution, berlioz feuert die erste kanone ab das hagelschießen, frankreichs *gloire*, und in gewittrigen wasserdampfknollen rollt allons enfants, dann wieder nur rumoren wolkiges gegroll werweiß ein orgelbaß oder 16fuß orgelpunkt in tiefsten pedalen der atmosphäre.

oder doch geschützdonner, das grummeln von salven bzw. böllerschüssen *enfants de la patrie*, sursum corda, wimpelaufstrebend flaggen banner fahnen und standarten unter schneeweißem gewölk

am 8. mai 1802, nachmittags 1 1/2 uhr, schlug der blitz in das schulhaus zu bonin im departement loire, als die schüler eben das nachmittagsgebet hersagten. der blitzschlag machte sich zuerst dadurch bemerklich, daß kalk, holz und steine unter die kinder fielen, wodurch ein lautes geschrei entstand. darauf rollte ein kleiner feuerball unter die bänke, an dem lehrer vorbei, der nur an den kleidern beschädigt wurde. sein sohn dagegen, welcher unter einer lampe saß, und drei oder vier andere schüler wurden getötet. der feuerball nahm seinen weg ins freie durch eine fensterscheibe, in welche er ein rundes loch bohrte, ohne sie sonst zu beschädigen, während alle übrigen scheiben zertrümmert wurden.
hist. nat., vol. xi, p. 77

nach wenigen wochen verabschiedet pleyel seine gäste. clementi reist, einen geleitbrief napoleons im gepäck, in begleitung fields im eigenen wagen. es ist ein beschwerliches reisen in jenen tagen — die straßen sind in den napoleonischen kriegen nicht besser geworden. gastgeber in wien wird clementis geschäftspartner, der verleger artaria, sein.

ein erst kürzlich verheiratetes ehepaar aus baden bei wien und der bruder des mannes wurden samt einem hunde im felde vor der stadt an einer weizenstiege vom blitz getötet. das gewitter kam plötzlich um die mittagsstunde, war sehr kurz und kaum von regen begleitet. außer einem heftigen schlage hatte man nur noch einen oder zwei blitze beobachtet. als nachmittags ein unweit der erschlagenen vorübergehender nachbar die gruppe sah, rief er derselben zu: »sitzt ihr noch bei der jause …!« erst am abend vermißte man die leute, von denen einer der männer das messer noch in der hand hielt, um brot zu schneiden, während die frau den bissen noch im munde hatte. *badener anzeiger, 17.6.1802*

schuppanzigh sagt, field/ übertreffe noch den/ hum̅el
beethoven, konversationshefte

nachdem ersten ackt ist nichts abscheuilicheres als wenn so viele druckfehler sagte mir der churfürst die oft den sensum ohnverständlich machen in einem buch zu finden überlaut bravo und als ich hingieng er liebt die geschnittenen nudeln zu sehr ihm die hand zu küssen und sieht nicht auf die expreßion sagte er diese opera wird charmante werden über welches graf sensheim fuchs teufel wild worden und sagte lachend wegen der spart zu copiren man sollte gar nicht meynen daß in einem so kleinen kopf braucht ich es gar nicht fein zu machen so was grosses stecke ein neues ballett »der gedroschene liebhaber« ein pasable stuckchen verflossenen donnerstag den 7 jänner die erste redout die musick ist recht gut ins gehör daß ich sehr in sorgen bin meine haar zu verbrennen aaproposito warum mich das mölk stubenmädl frisiert ich war ganz surprenirt weil ich morgen das erstemal dem mahler sitze noch hat mir keine musick den effekt gemacht die kropfpillülen werden mit dem postwagen (*genäselt:*) das ist eine magnifique musick aaproposito die 2 trompetten sordinen und das paar unterstrümpf habt ihr auch ein so abscheuliches wetter wie wir hier alles beim liecht mit augengläsern geschrieben es ist kotig und schneyet immer drein alles beim liecht mit augengläsern geschrieben

field soll noch besser/ seyn, als hum̄el/ mylord sagt, es sey sein/ spiel bloß gesang   *beethoven, konversationshefte*

staub! staub! allens staubi; senganS flotzinger, wofür bekommt das stubenmensch seine 3 kreuzer die woch? naa, gehenS, lassenS mi hier sitzenbleiben, und sagenS der katherl, sie soll uns an mokka bringen, aber mit einer formidablen schlaghauben aufi!
sehr wohl, herr hofrath.
und, flotzinger, sagenS dem kuchelmensch: es pressiert! jessas is des wiedera hetz, heut tut mi wieder allens sekkiern. naa! net das tuchl! wie lang hob i Sie schon als faktotum? ein momenterl, lassenS mi zöin: zwaa johr sinds diesen jänner, und da wissenS immer noch net daß ich lieber das gelbe chamisol trag, gehst denn nicht!
wünschen euer gnaden auch eine mehlspeis?
's is gut, katherl — naa, net dorthin, stellenS das glump auf den fauteuil da: so is recht. und gehenS obi zum demel, fragenS, ob er noch von diesen famosen, äh diesen formidablen nußkipferln hat. ja nun stiernS net

— laufenS aussi! jessas, wie mich das mensch sekkiert.
so, flotzinger, und nun setzenS sich an die tasten und
spuinS mir was vor. nun sanS net schenant — setzenS
sich, fangenS nur an, i spitz schon die ohrwascherln.
wannS spuin, machenS mi wenigstens kan palawatsch
net mit die tucherl, eine grässliche melange hamS
ogrichtet. dort am fortepiano könnenS jedenfalls nix
foisch machen wannS danebengräfen.
möchten herr hofrath etwas hören aus den sonates op. 14
par louis van beethoven?
wos? von dem großmogul der was sein stubenmensch
d'stiegen runtergschmissn hat? ja, spuinS nur zu, flotziṅ-
ger.
halt! halt! senganS, wissenS eigentlich wirklich, was
Sie da spuin? jo, jo, eine sonaten, is scho recht, aber wissenS auch was des haaßt? er weiß es nicht, da kamma nix
mochn, er waaß es nicht. kennanS denn außer Ihrer
mizzi čibulka nochana was ondres? jetzt hörnS gut zu.
eine sonaten is eine gattung, aber auch eine form. gehmS
acht, flotzinger. und das kann manchmal das selbe sein,
muß es aber nicht. zum exempel, die »passione« aus
f-moll, die was vom giuseppe haiden — Sie kennanS?
ada-schauriaber! — hat die form der sonata da chiesa,
also: langsam-fix-langsam-fix, ist aber eine simphonie.
und was Sie da tasteln, is — no?—: gschwind-langsam-
gschwind, hat alstern die *form* der welschen overtura, ist
aber der *gattung* nach eine sonaten. fangenS nochmal an.
halt! jessas, pressierts eana. vui zschnell! des is doch
kan praterkarussell, flotzinger. wos? ogschriebm steht
metronom MM=102? jo, jo, ogschriebm, ogschriebm.

aber kinder hörts das denn net, das muß doch aner hören, kruzitürken, daß man bei solchanem hui nicht mehr
richtig phrasiern kann. i waaß, des meisters wille sei
mein himmelreich — aber i könnt mi vorstöin, daß beet-
hofens maschin foisch gwerkelt hat — oder er hat uns
mystificiert — naa, es is schon ein sinn dahinter. aber der
musikalische textzusammenhang, hörenS flotzinger, der
hot sän ägenen sinn aa. besser, Sie gebenS acht auf die
tempomodifikationen, die rückungen und relationen,
verstehnS mi?, das hat mehr importanz, sag i, als das
grundzeitmaß. tempo rubato! alstern fangenS nochamal
an.

oder hoit — gehenS amol zu dem stapel do, ja do auf
der kommod, Sie können doch partiturspuin? dann gräfenS sich die spart von der synfonie ex D, die hat der
hayden für london gschriebm, versuchenS des amal.

die adagio introduktion hübsch elegisch, doaf i bittn.
Sie dürfen dabei ruhig an Ihre čibulka mizzi denken. und
jetzt, haltenS eini, bittschön. das allegro: wos spuinS daderweil? wos, eine melodie? gott is der kerl dumm. i sags
eana: ein thema! und woraus besteht das — no? gehnS
Sie wissenS eh net: zuerst, legato, ein motiv, das incli-
niert sich elegisch von der dominant zur tonika so wie
(singt:) »oh, du mein tal!« oder »ach, war das schön!«,
und dann ein stakkatiertes motiv in repetierten vierteln,
wie »sobinich dir nur ganz er-geben« oder »wirwollen für
ein an-der leben« und das klopft sich so in die dominant
und gibt dem schwermütigen anfang den dynamischen
impuls zum wätermachen, und es fährt foat in abstägen-
den synkopen von tonika zur dominant: des ois —

50

schlofnS net, flotzinger! — hübsch separiert in vorder-
satz und nachsatz, das haaßt in symmetrischen gleichtak-
tigen perioden. fangenS nochamal an. und achtenS auf
die artikulation! sprechen muß des ois, im singen sprechen — und im sprechen singen. naa, net mitbrummeln
soinS! klangrede, flotzinger! unsere weaner musik ist
eine tonsprache, wenn i bittn dürft. schon amal ghört,
den begriff? ah was frog i depp. naa, net mi soinS
anschaun! schaunS in die noten, 'ssteht allens dadrin.
die bögen: das soinS net legato spuin — das gliedert die
musik in rhetorische perioden, hoib- und haupt- und
nebensätz, das rafft zusamm: zu sinnähnhäten — oder se-
parierts, je nachdem. alstern. jetzan rekapituliernS mir,
flotzinger, was Sie glernt ham — Sie können doch ler-
nen? nochamal: zwaa takt legato D-T; zwaa takt stakkato
D; 4 takt in synkopierten vorhalten abwärts T-D. die ersten zwaa wie eine resigniert abgedrehte hand — die
letztn vier ein melancholisches sehnen, denkanS an die
harmonisch quasi nachhängenden, zögernd zurückblik-
kenden vorhaltdehnungen — und in der mitten das
klopfmotiv, und jetzan sag i eana was, flotzinger: just das
hat im weiteren verlauf des satzes die größte importanz.
es beherrscht die ganze durchführung — und warum?
weil aus der resignation kaa kraft net kommen kann,
weil allein die pochende repetition die träbkraft zum wä-
terkommen generirt. weil das motiv simpl gnug is, um im
harmonischen labyrinth seine identität net zu verliern
— und die durchführung beim haidn is immer ein modu-
latorisches labyrinth, verstehnS mi? — kurzum, weils
prägnant is, sich selbst gleichbläbn kann, aber ein offe-

nes dynamisches potential hat — kaa gerundete sinnän-
hät is, kein gschlossner affekt wie die andern motive. ja,
gebenS mi nochan mokka. und geizenS net mit der
schlaghauben aufi!

und wenn Sie sich nun anschaun: das thema: symme-
trisch proportioniert — sprachähnlich gegliedert — im
äquilibrium zwischen grundton und dominant — in sich
vielgstaltig, aber ausgwogn — einheitlich im mannigfal-
tigen: welcher begriff fallt Ihnen dann ein? falls eahnen
noch was andres einfalln soite als Ihre mizzi čibulka? oder
haaßt sie jetzt reserl kubelka?

»klassisch«, herr hofrath?

ja da schauts her, der flotzinger, altes faktotum! findt
der blinde hahn auf sei oide tag nochan koan! a licht sei
euch in der finsternis, spricht der Herr. akkurat: klassisch. des is es. was unser weaner klassischer stil is, das
ahnenS nun vielleicht schon. aber es kommt noch etwas
importantes hinzu: — senganS, hamS scho amal von
»motivischer arbeit« gehört? gell, das hörnS net gern:
»arbeit«? wann i net allens selber tät, wär i schier auf-
gschmissn in dem logis. sagt Ihnen das »durchbrochene
prinzip« etwas? »durchbrochn« meint net »zerdeppert«,
HERR flotzinger. alstern erklär i's eana.

stellenS sich vor, wir vier: mi und der floriani und der
kreibich — naa, der is scho tot (aber an schönen kondukt hat er kriagt, an sehr schönen kondukt!) und der
kuderna und der doktor hasenörl sitzen beisamm: vier
verständige herren. und a jeder hat a stimm. wir bilden
quasi an vierstimmigen satz. und nun sagt aner was und
die andern hörn zu und lassens ean reden, und dann gräft

einer auf was der andre gsagt hat, wird aber unterbrochen von einem der was gegenteiligs kundgibt, und kurz pflichten ihm alle bei, und einer ergänzt noch etwas, kurzum: rede und widerrede, argumente, einwände, diskurieren in die kreuz und die quer — aber mit vernunft, flotzinger! allens mit vernunft, im konsens, ein fixer schlagabtausch unter gleichberechtigten herren. »herren« sag i, hörnS mi?, net damen: die schwätzens eh nur alleweil bunt durcheinand, das gäb an galimathias, na servas. des ganze is wie eine doktordissertation: da is ein thema, und dazu stellenS a frag, und dann diskurierenS aussi, und in der repris passt dann allens hübsch fix zsamm, und die coda ist Ihre conclusion. das ganze äne oanzige große kadenz: aus geist, flotzinger! net gschwätz, ah da san ja die kipferln. sapperlot, des san ja wieder zwaa formidable exemplar! das ist eine magnifique mehlspeis, dankschön katherl, kriegst auch a busserl, bist zwar nur ein kuchelmensch. kaa angst, flotzinger, i laß eana die krumerln schon übrig. alstern retour. geist — und sinnlichkeit, flotzinger. das geheimnis aller unsrer weaner musik. geist allein? —: ham auch die preußen — san aber stockdürr dabei, erzählnS mi nix, i war noch dabei wie der doktor van swieten uns mit bachens fugen maltraitiert hat, das ist ein stockledernes grafflwerk, sag i eana. und sinnlichkeit allein? —: ham auch die welschen. aber daß der geist un-trenn-bar von den sinnen durchwärmt und, also diese füllung in den kipferln is ein gedicht, und die sinnlichkeit ganz durchgeistet is, mirkanS eana, ist das geheimnis unsrer weaner musik. fangenS nochamal an.

ein momenterl noch. i hab gehört, der was das clavier so glänzend tractiert, wiehaaßternoch, der field, der engländer, soll eine matinee geben?

irländer, herr hofrath, mit verlaub.

aa was, ob irr oder eng — alle engländer san irländer — oder is es umgekehrt? jedenfalls: gehenS fix zum puchl und besorgenS mi zwaa billetten. bin neugierig, ob die comtess markowicz adabei sein wird, auf die spekulier i nämlich schon lange. ja nun räsonnierenS net alleweil herum — machenS daß'S aussikummen!

kammerton A das blausilberne *»pling«* mit einer stimmgabel, mit zwei stimmgabeln den fisch entgräten: das grätenmuster der harfe, von den harfen- und cellosaiten die beeren lesen die pizzicati abpflücken, daraus eine limonade die getrunken mit dem strohhalm des doppelten oboenrohrblatts. doch vorher noch flink auf dem klavierdiskant ein paar akkorde als eiswürfel absplittern. überm holzkohlenfeuer den kontrabaß am bratspieß drehen, von zeit zu zeit mit dem bogen eine scheibe heruntersäbeln. mit schlegeln das paukenfell weichklopfen als wärs ein schnitzel. an der traversflöte knabbern wie an einem kolben kukuruz. die messingwampe der baßtuba als bierhumpen; oder ein schneller scharfer schluck aus der trompete (absetzen; sich den mund wischen). ins fagott tabak stopfen: dann rauchen. dann horchen auf das silberblaue *»pling«* der stimmgabel: kammerton A.

clementi beabsichtigt, seine geschäftsreise nach st. petersburg fortzusetzen, um dort eine dependance zu eröffnen. field soll in wien bleiben und bei albrechtsberger kontrapunktunterricht nehmen. aber er kommt mit dessen unterrichtsstil nicht zurecht, versteht kaum deutsch, hat in wien keine freunde und wenig geld. schließlich überredet er clementi, ihn nach rußland mitzunehmen. nur widerwillig stimmt clementi zu.

am 9. juni 1802, nachmittags, wurde ein knecht vor klosterneuburg bei wien vom blitz erschlagen. nach der mir kurz darauf von herrn hofrat dr. čibulka aus st. pölten gemachten mitteilung eilte der mann, der gräben ausgeworfen hatte, beim ausbruch des gewitters vom felde nach hause. in kurzer entfernung hinter demselben fuhr ein wagen, dessen beide insassen nach einem blendenden blitzstrahl den noch eben vor ihnen her wandelnden nicht mehr bemerkten. da dieselben jedoch rauch aufsteigen sahen, fanden sie beim herbeieilen den vom blitze getöteten fast nackt daliegen. ein teil der kleidungsstücke war umher geschleudert, die noch am körper befindlichen reste waren in brand geraten, während die langen wasserstiefel bis zur sohle zerfetzt an den füßen hingen. das haar am scheitel und hinterkopf war verbrannt; außer den brandwunden zeigten sich am körper blaue flecken und blutunterlaufungen. *spitalsbericht, wien 1802*

St. Petersburg und Moskau 1802–1831

über weitem horizont cirrusgewölk fasern oder streifen
haarlocken oder wollflocken katzen- oder pferdeschwanz,
wie schäflein trippelnd, leicht gekämmt zu hauf. die breite
verlangsamte bahn, die die sonne bis zu ihrem untergang
durchmißt der will schier kein ende nehmen gleich den
perspektivfluchten der baumreihen felder zäune: wo
diese nach dem gefühl der reisenden nun eigentlich zu
ende sein müssten, haben sie in wahrheit eben erst
begonnen. die zeit wird zäh und der raum retardiert —
oder hat der raum die zeit verschlafen?

irgendwo im baltikum läßt field seinen hut liegen. clementi ist wütend auf seinen schusseligen begleiter.

st. petersburg: als russisches venedig aus den karelischen
sümpfen gestampft, architektonischer sumpffiebertraum
von bröckelnden palazzi und blätterndem ikonengold.
gondel und knute, kanäle im schneegestöber, popen und
schlittenwölfe.

nach einer reise von zwei bis drei wochen, vermutlich

via prag, berlin und kurland, quartieren sich clementi und field im herbst 1802 im *hôtel de paris* ein. clementi speist an der table d'hôte, field kauft sich seine lebensmittel auf dem markt und wäscht sich die wäsche selbst, auf dem hotelzimmer. ein russisches journal wird 1834 schreiben: »es gibt noch leute, die sich daran erinnern, wie field ohne mantel durch die straßen ging, in nankingwäsche bei außentemperaturen von minus 25 grad, erkältet, und gezwungen, sich die nase — pardon — in sein hutband zu schneuzen.« nach den erinnerungen von louis spohr muß field damals ein deprimierter, verschüchterter, einsamer junger mann gewesen sein: schlaksig, armselig gekleidet, allein des englischen fähig; nur sein wunderbares klavierspiel vermag die sprachbarrieren zu überwinden. clementi, geizig, aber ein mann mit gewinnenden manieren, weltgewandt und polyglott, führt sich in die gesellschaften und cirkel der petersburger high-society ein, hat schüler zuhauf, gibt konzerte. in einigen darf field ihn vertreten: clementi streicht die einnahmen ein — field darf ein taschengeld behalten und vergilt es ihm, indem er eines tages die freunde, die er mit der zeit gewonnen hat, zur *table d'hôte* ins hôtel de paris einlädt und die rechnung für 20 diners clementi präsentieren läßt: der lehrling steht auf gegen seinen meister. der bruch bahnt sich an. bei einer soirée im palais des fürsten demidow sind die connoisseure, einschließlich der fürstin, von fields pianistischer kunst so hingerissen, daß er von nun an mit gesuchen um unterricht und einladungen zu privatkonzerten überschüttet wird. die harten jahre sind vorbei. clementi, stolz auf seinen schüler und salesman-demonstrator seines *pianoforte warehouse*, reist nach berlin ab. field siedelt über in die residenz von general marklowsky, regimentskommandeur zu narwa, wo er, als höherer musikalischer domestike, ein luxuriöses gastquartier bezieht.

ich war im revier semjonow nach einem sehr heißen tag abends auf der pürsche, es mag ende juni 1803 gewesen sein. gegen 9 uhr wurde ich, auf dem heimweg begriffen, von einem überaus heftigen gewitter überrascht, vor dem ich mich unter eine alte waldhütte, welche unmittelbar an einem chaussierten sträßchen sich befand, flüchtete. während das gewitter mit unerhörter gewalt tobte, bemerkte ich kugeln von bläulicher färbung, welche auf dem sträßchen daherrollten, und sich unter knisterndem geräusch in sprühende funken auflösten, teils vor, teils hinter meinem standort. die kugeln waren von der größe einer mittleren kegelkugel. das platzen derselben, das mehrmals in meiner unmittelbaren nähe erfolgte und das ich daher ganz genau beobachten konnte, verursachte keinen knall, wohl aber eine solch blendende helle, daß ich momentan vollständig geblendet war. die schnelligkeit, mit der sich die kugeln bewegten, war keine sehr große, nicht größer als die einer scharf geschobenen kegelkugel. alle verfolgten dieselbe richtung, genau die straßenbahn einhaltend, in zwischenräumen von verschiedener zeitdauer, mehrmals rasch aufeinander, und habe ich etwa in einem zeitraum von einer halben stunde 25 bis 30 solcher kugeln beobachtet. das gewitter hatte sich in dem, einen muldenförmigen einschlag bilden-

den waldkomplex festgesetzt und tobte hier in furchtba-
rer heftigkeit volle zwei stunden. die kugelblitze zeigten
sich gleich zu beginn des gewitters, während der regen in
strömen floß und gewöhnliche blitze unter unausgesetz-
ten donnerschlägen von allen seiten niederfuhren und
mehrmals in meiner nähe einschlugen. da ich die straße
der kugelblitze wegen, den angrenzenden hochwaldbe-
stand aber wegen der meist in denselben einschlagenden
gewöhnlichen blitze nicht zu betreten wagte, so blieb ich
auf meinem platz unter der alten hütte, bis das gewitter
etwa nachts 11 uhr ziemlich ausgetobt hatte, und war
froh, endlich den unheimlichen posten mit heiler haut
verlassen zu können. indessen habe ich kugelblitze zu beobachten nie mehr die gelegenheit gehabt, habe auch
gar kein verlangen, nochmals in einem solchen granat-
feuer zu stehen, wie in jener nacht. *general marklowsky*

gibt es eine electricität bestimmter schwingungsvorgän-
ge, daß mithin töne ein elektromagnetisches f(i)eld

abend stille luft, sepia-lavierung, eine dunkle wolke
droht von unten her den himmel zu verschlingen, eine
andere wolke hängt von oben herein. mond über einer
dunklen bergsilhouette, treibende nebelschwaden, ge-
dünst und gewoge, *siehe c. d. friedrich*

st. petersburgs babuschki bratäpfel unterm kopftuch bieten piroggen feil. die steinernen löwen an der brücke
über den newa-kanal fordern wegezoll — wer den grim-
men wächtern seinen obolus verweigert, fällt ins wasser.

die eisernen brückengeländer delegieren ihren sinn ans
schattenornament, das sie auf den schnee werfen. field,
des russischen nicht mächtig, kann sich nur schwer ori-
entieren in der stadt. die lanzettförmige turmspitze der
peter-pauls-kirche ist ihm eine goldene kompaßnadel, sie
schlägt zitternd aus: nach oben. also breitet er ergeben
die arme aus, zuckt die achseln, gesteht, daß er sich ver-
irrt hat, schaut dorthin, wo die schweren finnischen win-
terwolken den stand der sonne verschleiern.

beim sei's ziellosen sei's zielgerichteten wandern über
straßen plätze wege unversehens der gedanke, ihr verlauf,
ihre ausdehnung ja alles ausgedehnte schlechthin könne
eine projektion sein aus der vierten (zeit-)dimension der
musik in die zweite der fläche (die wiederum sich in die
dritte projiziert denken ließe, auf die kugelform eines
himmelskörpers etwa). die vorstellung, alle bisher ge-
spielte und notierte musik zusammengefügt ergäbe erst
flächig aneinandergereiht dann zur raumprojektion
gekrümmt einen (gleich, wie man das nun nennt) plane-
ten stern jedenfalls einen himmelskörper aus klanger-
starrung, paradox und schauerlich daß die töne in jedem
moment ihres erklingens einfrören gleichsam stehen-
blieben u. zw. alle töne zugleich, läßt sich das überhaupt
denken? umgekehrt ließen sich alle realen umrisse formen ausdehnungen körper strecken und flächen und ich
spreche jetzt nicht von synästhesie gleichsam dynamisie-
ren verflüssigen transsubstantiieren in tönend bewegtes:
was übrigens keine sache des denkens sondern eine limi-
tation der wahrnehmung ist (schutzmechanismen des

hirns, partiell aufhebbar durch rauschmittel) — hier: die hand, der tisch, das glas, der aschenbecher je in die zeit erklingend sich auflösend entschwebend wie leichter rauch. alles stoffliche ist auch musik. musik tarnt sich als materie in jeder möglichen gestalt

field hat nun ein eigenes logis bezogen. petersburgs fashionable welt bereitet sich auf die bälle und theater der wintersaison vor. in fürst galitzins philharmonischem saal am newski-prospekt findet 1804 mit außerordentlichem erfolg fields öffentliches debüt statt. »kein anderer pianist kann sich an technischer meisterschaft und wahrhaftigkeit der empfindung mit ihm messen«, schreiben die gazetten; »unter seinen händen tönt das instrument mit nicht zu überbietender lieblichkeit und klangfülle«. gebhard sagt: »field nicht gehört zu haben, galt als sünde wider kunst & guten geschmack.« field kann sich nun kaum retten vor angeboten, privat zu konzertieren, oder vor gesuchen höherer beamter, ihre töchter zu unterrichten. seine auftritte läßt er sich mit 500 rubeln honorieren, zahlbar im voraus. als ein auftraggeber ihm nur 100 gibt, rollt field die banknote zusammen und zündet sich mit ihr seine zigarre an. bei ähnlicher gelegenheit rollt er den hundertrubelschein zusammen und steckt ihn mit der rechten einem livrierten lakaien in die reverstasche, mit der linken ihm die wange tätschelnd.

die ruhige haltung der hand. beim üben ein geldstück auf die obere handfläche legen, ohne daß es herabfällt. die durchgefeilte anschlagskultur. »seine sicherheit, kraft,

rundung in gewaltigen passagen war ebenso groß, als
seine leichtigkeit, sein hauch in der behandlung des gra-
ziösen und zarten« *rellstab*

nach der oper um mitternacht vor dem französischen
theater. das bühnenfeuer der letzten szene hat sich hinter
den nördlichen horizont verzogen, schwelt dort weiter:
weiße nächte. der fahle schimmer illuminiert die gesichter der opernbesucher zu bleichen theatermasken. eine
droschke will nicht anhalten, field springt auf, die klapp-
rige kutsche jagt wie ein feuerwagen richtung norden, als
gälte es, das glimmen zu löschen. in der nacht träumt
field von einer oper, die erst siebzig jahre später geschrieben wird und *chowantschina* heißt: darin ein *marsch der
spielregimenter peters I.*, ein friderizianisch-vorbeethoven-
sches stück inmitten ruppiger unisono-archaismen, kir-
chenslawischer wendungen und exotismen, fremd und
weithergeholte heraldik westlicher aufklärung wie die
rationalistischen symmetrischen parkanlagen von peter-
hof in ihrer sumpfigen umgebung. was hier avanciert ist,
schreitet auch dort voran: in rokoko-uniformen.

es war, dünkt mich, im jahre 1804, als in das haus eines
meiner freunde und kollegen in prjwodsk, wo ich damals
als arzt praktizierte, ein blitz einschlug. das haus liegt 100
bis 130 fuß höher als der wasserspiegel der newa. mein
freund, dr. sarkow, ging in seinem saale auf und ab, als
der donnerschlag sich hören ließ. in diesem augenblick
ward auf dem fußboden des zimmers eine feurige masse
sichtbar, welche in gestalt eines eirunden balles von der

größe eines hühnereies nahe an der mauer längs der ver-
täfelung hinlief, die, wie es in unserer stadt gewöhnlich
geschieht, mit firnis überzogen war. mit der schnelligkeit
einer maus lief der feuerball auf die tür zu, sprang dort,
unter neuem krachen, auf das geländer der treppe, die in
das erdgeschoß führte, und verschwand, wie er gekom-
men war, ohne eine spur von zerstörung zurückzulassen.
peterskaja gazeta, 2.1.1805

im sommer 1806 kommt clementi noch einmal nach st.
petersburg. field kauft sich bei ihm ein klavier. bei seinem einstigen zögling und protégé erlebt clementi einen
lebensstil aus chaos und verschwendung. fields bohème-
natur, seine freizügigen politischen anschauungen, die
coterien seiner zahlreichen französischen emigranten-
freunde haben ihn zu einem frankophilen (und anglo-
phoben) werden lassen, der sich eine französische ab-
stammung phantasiert und diese als legende in die welt
setzt. »*a lazy dog*« nennt ihn clementi. field schert sich
nicht um die konventionen und meinungen anderer. er
stottert, aber sein selbstwertgefühl ist ungebrochen.

über dem mare balticum stratus-schichten, ein breites
tuch gleichmäßiger dichte in niederen höhen, »ein nebel hebt den flachen teppich an«, *siehe goethe über luke
howard*

1805 reist field nach kurland: zuerst nach riga, dann, auf
einladung des gouverneurs arsenjew, nach mittau. dort,
im exil, hält frankreichs könig ludwig XVIII hof. field

sucht protektion, zumindest kontakte zum baltischen und französischen adel. er wohnt bei baron von berner, einem kollegiat-assessor in der russischen zivilverwaltung. die französische gouvernante beim baron inspiriert field zu einem liebesbrief: *Mademoiselle, ich liebe Sie. Im Mai habe ich zwotausend in der Tasche, dann können wir heiraten. Schreiben Sie, ob Sie wollen. F.*

mademoiselle will. baron von berner jedoch interveniert und überredet sie, field gehenzulassen. field wird noch lange danach von schuldgefühlen gequält. am 22. und 27. januar konzertiert er noch einmal in riga. im februar 1806 zieht er nach moskau.

unter goldbronzierten byzantinischen kuppeln liegt das modische geschäftsviertel *kuznetsky most,* französische künstler und politische emigranten frequentieren hier elegante salons. moskaus *haute volée* spricht französisch, besucht das französische oder deutsche theater. field wird ein hedonistischer bohemien: zerstreut; teuer gekleidet; er leistet sich eine luxuriöse wohnung, diener, eine eigene kutsche. abends lädt er die freunde ins restaurant ein, trinkt champagner, raucht havannas. er spricht französisch mit anglo-irischem akzent. die billette für ein konzert bringen ihm an einem abend 6000 rubel ein. er kommt spät nach haus, läßt die geldnoten im flur auf die dielenbretter fallen, seine hunde reißen sie in fetzen. er lacht darüber. aufs geld kommt es nicht mehr an — um so mehr auf die möglichst gänzliche ruhestellung von körper und geist. das kompositorische feuer schwelt nur matt — einzig die notwendigkeit, neues konzertmaterial zu besorgen, vermag es anzufachen. dann trinkt er grog, und wie aus einer dicken unbeweglichen wolke blitze schießen, so rast aus ihm der inventionistische furor: die bekritzelten notenblätter, kaum zu entziffern, segeln zur rechten wie zur linken des tisches nieder, erschöpft läßt sich field auf den diwan fallen, während die freunde auf zehenspitzen eintreten und die blätter zu ihrer richtigen abfolge schichten. morgens braucht field mehrere tassen schwarzen kaffees. er stottert. er ist ein chaot. er ist schläfrig und vage, bequem und sorglos. seine socken sind zerkrumpelt oder verkehrtherum angezogen; von der weißen halsbinde zeigt ein zipfel gen himmel, der andere zu boden; die knöpfe sind falsch geknöpft.

graf orlow: »*monsieur field, aimez-vous le théologie?*« — field: »*non, mais j´aime le thé au logis.*« field ist atheist und liebt wortspiele. er hat witz. das macht ihm nicht immer freunde. »an robineaus bildern finden nur musiker was, und seine musik gefällt nur malern«, lästert er. robineau, maler und amateurkomponist, schreibt eine *elegie auf den tod mozarts*. field soll sie aufführen, weigert sich aber: »ja wenn es eine elegie von mozart auf den tod robineaus wäre ...« field liebt und braucht den rausch. um 1810 ist er nur noch selten nüchtern. ein benefizkonzert in anwesenheit des moskauer gouverneurs graf goudovich vertrinkt er mit freunden im restaurant. der *gute pappa gudowitsch*, wie ihn die moskowiter nennen, läßt field von einem wachtrupp einsammeln und zur konzerthalle chauffieren, wo das auditorium verärgert seiner harrt. lallend, mit rotierenden armen, taumelt field aufs podium:

verneigt sich schlenkernd; stolpert rudernd zum klavier-
hocker, auf den er sich fallen läßt — und spielt so schön,
daß ihm moskaus nobilitäten sofort verzeihen.

den fächer schlagend; zur fürstin obolenska: ach, meine liebe, möchten Sie mir morgen zum lever nicht mal diesen
jungen mann mitbringen, diesen inglese; wir könnten
doch so reizend miteinander duettieren!

*den fächer zusammenklappend; zur großherzogin ekateri-
na pawlowna:* aber gern, meine gute! bloß — *den fächer
entspreitend:* morgen läßt er sich doch schon bei Uns
hören.

*errötend; hektisch den fächer wedelnd; zur prinzessin you-
supowa:* sehen Sie einmal, ma chérie, was hier auf der
rückseite des notenblattes steht. na? …:

den fächer radschlagend, dann wendend: pastorale in A,
composé par john field, pour comtesse … eine entzük-
kende pièce — aber, fi donc! haben Sie die dédication
nicht refusé?

*mit dem zusammengeklappten fächer der freundin auf die
schulter klopfend; kichernd:* mais non!

in fields übungsblättern finden sich zeichnungen, allerlei
müßige kritzeleien aus langweiligen unterrichtsstunden,
z. b. porträts von seinen schülerinnen, dann aber auch:
ein geflügelter lockiger engelskopf, daneben ein schrei-
endes eselshaupt. zwischen diesen gesichtern steht seine
musik.

eines tages, anfang märz 1810, ritt ich, um einem pferde

bewegung zu verschaffen, noch abends in der achten stunde den gutsweg entlang. es war bedeckter himmel und so finster, daß ich den weg nur mit not sehen konnte. als ich etwa einen werst weit geritten und auf eine anhöhe gelangt war, wurde die umgebung des kopfes des pferdes hell, und seine ohrenspitzen fingen an zu flimmern, so daß das pferd stutzte und unsicher im gange wurde. ich beugte mich vornüber und strich mit der hand über die ohren, welche jedoch im nächsten moment wieder aufflimmerten. auch die zipfel meines pelzkragens begannen zu leuchten. ich ritt noch ungefähr einen halben werst weiter, während das leuchten immer intensiver wurde. das pferd war immer unsicherer geworden, ging schließlich vom wege und setzte aufs freie feld über, so daß ich abspringen mußte und das pferd am zügel nahm. nun sah ich, daß das ganze pferd elektrizität ausstrahlte, denn jedes vorstehende haar flimmerte, die ohren, die augenbrauen, die haare um die nase, die langen haare an der brust, kurz jedes haar, welches nicht glatt anlag. auch mein pelz leuchtete an verschiedenen stellen. das licht, welches das pferd verbreitete, war so stark, daß ich auf dem wege meinen schatten wahrnehmen konnte. da ich den ausbruch eines gewitters fürchtete, trat ich den rückweg an und hatte die stelle, wo das leuchten begonnen, eben passiert, als ein regenschauer, vermischt mit schnee, losbrach und die erscheinung verschwand. dieselbe hatte 10 minuten gedauert.
großherzog pawlow

zwischen 1805 und 1811 entstehen das 2. und das 3. klavierkonzert. für das, wahrscheinlich zuerst geschriebene, dritte konzert in Es setzt field später an die stelle eines langsamen satzes eine bearbeitung des 5. nocturne. das konzert schließt mit einer polonaise, über deren moderato-abschnitt viktor kazynski schreibt: »wenn field auf dem tischner-clavier, das er denjenigen clementis oder broadwoods vorzog, das herrliche moderato aus dem rondo seines dritten konzertes spielte, dann schien es, als glitten seine angefeuchteten finger über die gläser seiner schottischen äolsharfe: die hörer brachen in thränen aus — denn wohl nur field allein konnte auf diesem undankbaren und unmelodischen instrument so wunderbar singen.« also ich finde der erste satz mit seinen lyrischen marschcharakteren der klaren fast schematischen einteilung zeigt einen ausgesprochen klassischen aufbau ohne die chocs der übergänge wie in den späteren werken, dafür kommt es mir so vor als begännen nun die melodischen verläufe selber sich zu übersteigern verrückt abzudrehen also das irritierende ist hier eher in den gestalten selbst als in den übergängen zu finden und dazu paßt dann auch eine gewisse schrillheit oder sprödigkeit der instrumentation, der klang wirkt nicht abgebunden sondern diskant und baß klaffen mitunter schroff auseinander so daß die orchestrierung gewissermaßen hohlstellen hat, ich würde sagen zum erstenmal zeigt sich bei field die nachbarschaft von dilettantismus und genialischer ungebundenheit fast schon wie bei charles ives so daß also eine portion unvermögen und die freiheit des regelverstoßes sich wechselweis generieren und das klingende resultat etwas fesselnd anarchisches bekommt. außerdem haben einige gestalten den charakter eines versteckten zitats, ähnlich wie bei mahler, das ist im zweiten konzert in As noch deutlicher, ich meine jetzt nicht die vorverweise auf schumann im schlußsatz. das zweite ist ein lyrisches, kammermusikalisches werk, das orchester hat eine eher dienende begleitende rolle. die themen sind kantabel und die übergänge geschmeidig. fields vorliebe für verträumte klangfelder über liegenden stimmen entspricht einer neigung, *in episoden zu komponieren,* in mit ruhigem atem erzählten, vom kontext deutlich zäsurierten abschnitten. fields konzerte werden tönende novellen: clara schumann hat dieses werk oft gespielt. der finalsatz mit einem diesmal nicht tänzerischen sondern liedhaften thema verfolgt auf faszinierend assoziative weise ein permutationsprinzip das alle takte auf das durchvariierte hauptmotiv rückbezieht: in einem einzigen fließenden bogen, ebenso schwungvoll wie gelassen, rollt ein stimmiges geschehen ab, folgt ganz der triebkraft seiner einzelimpulse, nachgiebig gegenüber dem, wohin die gestalten von sich aus wollen. dabei waltet eine ausgesprochen schumannische polyphonie, an einer stelle wird das thema, quasi cantus firmus, zu einem kontrasubjekt augmentiert: schumann erinnert sich daran in seinem op. 44, und diese schumannismen substituieren am ende sogar die schlußkadenz: mit einer ausnahme verweigern fields konzerte dem solistenhelden den (notierten oder improvisierten) bravourösen kadenz-einmarsch durchs portal der dominant-fermate.

fields räumlichkeit: ein großes zimmer, weiße tapeten mit

blattranken und grünen palmetten, schlichter holzdie-
lenboden aus finnischer birke, kein teppich. draußen
schneetreiben. mehrere flache diwane, auf denen kissen
zuhauf. field, die lange sandelholzpfeife rauchend, mit
dem air eines pascha, üppig hingestreckt. in reichweite
ein tischchen, darauf ein tablett, kognac-karaffen und
eine spirituslampe. an den wänden zigarrenhalter und
pfeifen jeglicher herkunft, säckchen mit türkischem tabak, reichpunzierte goldene skipetare, exotische krumm-
dolche kreuz und quer an den wänden. hier und da ein
stuhl. ein großer runder tisch mit noten überhäuft, vier
fenster ohne gardinen, ein sehr schönes piano. draußen
schneetreiben. in einer rauchwolke: field, im pelzbesetz-
ten morgenmantel, wie oblomow auf dem kanapee: läs-
sig, indolent, vom alkohol aufgeschwemmt, verquollen
wie ein cumulus: apotheose des müßiggangs, dann
schwerfällig sich erhebend, seufzend, uff dann wolln wir
mal wieder, den tasten futter geben.

bei windstille steigt der rauch senkrecht empor — weht
aber ein leiser zug, dann steigt der rauch nur fast senkrecht empor. ein leiser wind ist für das gefühl gerade eben
bemerkbar, während ein schwacher wind schon baum-
blätter und wimpel bewegt. diese werden bei mäßigem
wind, der auch kleine zweige bewegt, bereits gestreckt.
zur bewegung größerer zweige bedarf es eines frischen,
unangenehm fühlbaren windes. ein starker wind wird als
sausen gehört, wohingegen ein steifer wind schwache
stämme bewegt und auf wellen schaumkronen wirft.
schließlich wird der wind stürmisch, bewegt bäume,

behindert fußgänger. ein sturm verrückt leichte gegenstände, zum beispiel dachziegel, indes der volle sturm bäume umwirft und ein schwerer sturm mit verheerender wirkung zerstörungen anrichtet. doch vielleicht am unheimlichsten ist das *auge des sturms:* vollkommene windstille, in der ein rauch senkrecht emporsteigt.

am 31. mai 1810 heiratet john field die französische pianistin victoria adelaide percheron. louise fusil berichtet, field habe bei der trauung wie ein kleiner junge bei der erstkommunion ausgesehen; die trauringe habe er zu hause liegengelassen. mademoiselle muß eine charmante, keinem flirt abgeneigte dame gewesen sein: »*a hat on a walking-stick would be enough to make her start her little tricks*«, pflegte einer zu sagen. die ehe wird 1821 geschieden. field behauptet später, er habe sie nur geheiratet, weil sie für ihren klavierunterricht nie bezahlt habe, und »irgendwie mußte ich mich ja schadlos halten«. gleichwohl trägt er bis an sein lebensende ein medaillon mit ihrer miniatur bei sich.

ich weiß es besser. jeanette colmar ist mein name, ich war von 1808 bis 1816 gouvernante bei graf wranitzky. und damals hatte ich viele freunde unter den schauspielern und tänzerinnen des *théâtre français*, von denen mich einige mit field und mlle. percheron bekanntmachten.

percherette, wie sie von ihren bekannten genannt wurde, war eine bemerkenswerte frau. die indépendence ihres lebensstils — sie wohnte bis zu ihrer mariage allein, ohne zofe oder wäscherin, in einer winzigen wohnung im bezirk krasnogorsk — trug ihr den ruf eines weiblichen libertins ein und gab zu allerhand klatsch und böser nachrede anlaß: es hieß, sie habe zahlreiche, schnell wechselnde männerbekanntschaften, kümmere sich nicht um die meinungen und conventionen der société, habe ein schroffes und sprödes wesen sowie eine scharfe zunge.

percherette faßte diese sittlichen bedenken als compliment auf. sie war nicht nur stolz auf ihre freiheit, sondern auch gewillt, diese unter allen umständen zu wahren. um so rätselhafter war allen, warum sie field die hand zur ehe reichte. je ne sais pas aussi.

mlle. percheron war weder klein noch groß, weder dick noch hager, und insofern körperlich eine unauffällige erscheinung. was um so mehr auffiel, war die achtlosigkeit, mit der sie sich kleidete — reithose, englisches schuhwerk und ein wollenes leibchen reichten ihr vollauf — und ihr gänzlicher verzicht auf putz und schminke. keine haube, kein stirnband oder hut, keine coiffure, höchstens einmal eine schwarze reiterkappe zierten das braune, zu den seiten eines gezickzackten mittelscheitels glatt zum halse herabfallenden haars.

la tête, ebenfalls von hinten und von der seite eher unauffällig, zeigte erst en face die züge, die field liebgewonnen haben mußte: eine ebenmäßige nase und ein schönes kinn — ein mund, der entweder beim lachen breit geöffnet war und dabei zwei reihen ebenmäßiger perlweißer zähne entblößte (zähne, hélas, denen man nicht ansah, in welch morschem zustand sie sich befan-

den), oder der zu einem auf dem kopfe stehenden U grü-
belnd eingekrümmt werden konnte, was ihrer miene, da
dann die oberen schneidezähne ganz leicht entblößt
waren, den liebenswerten ausdruck eines träumenden
plüschtiers *pour les enfants* verlieh — und, vor allem,
augen die aus den lidern so weit hervortraten, daß die
waldgrünen pupillen oft ganz vom weiß des augapfels
umgeben waren.

grübelte mlle. percheron — und sie grübelte oft, und
kauerte dann wohl, den rücken an der wand und die
arme um die angewinkelten beine geschlungen, auf dem
fußboden — dann verlieh dies weitaufgerissene den
augen einen ausdruck bekümmerten dösens, etwas, das
unter anderen umständen leicht als angstgeweitete
schutzlosigkeit hätte mißgedeutet werden können, was
percherette indessen sich ein für allemal verbat. und in
der tat: sie war eine starke, wenn auch keineswegs resolu-
te frau — sehr kompliziert, rätselhaft, widersprüchlich,
provozierend, mais sans frayeur, oui! und wenn percherette lachte — und in diesem lachen müssen sie und field
sich getroffen und gefunden haben — dann verengten
und kräuselten sich die lider, und die iris des auges zog
sich dann zu einem sternenhaft leuchtenden smaragde-
nen spalt zusammen. — die stirne war hoch, von einem
halbdutzend sorgenvoller querfalten durchkämmt, die
sich bei kummer oder versunkenheit über der nasenwur-
zel und unter dem v-förmig eingespitzten stirnhaaransatz
zu einem bündel paralleler U-falten aufwölbten. field
muß diesen ausdruck besonders geliebt haben: den trübe
offenstehenden mund, die starr geweiteten augen, die

U-falten der stirn. ich habe mehrfach erlebt, wie er dann besorgt, wortlos, ihr den arm um die schultern legte, um ihr sein schweigendes einverständnis mit dem, was immer sie bewegen mochte, auszudrücken.

besonders empfänglich war field für percherettes stimme. diese, in mezzo-lage, war eher leis als laut, in den konsonanten weich und dennoch klar akzentuiert, und dabei in einer angenehm modulierten, warm schwingenden (niemals kreischenden oder gar keifenden) amplitude, welche sich fields musikalischem ohre auf anhieb einschmeichelte.

bemerkenswert war auch mlle. percherons lebensstil. sie ernährte sich vegetarisch, brauchte kaum schlaf, und ritt lieber auf einem fuchswallach durch moskaus kotige straßen, als sich einer teuren droschke anzuvertrauen. ihr gang — wobei sie den kopf etwas zwischen die schultern hängen ließ — war trottend und federnd zugleich.

ihre sparsamkeit und eine gewisse haushälterische umständlichkeit waren sprichwörtlich und streiften nicht selten die grenze zum skurrilen. statt eines lorgnon benutzte sie zum lesen die schlichteste brille, die ihr wiener optikermeister für wenige florin anzufertigen gewußt hatte. nach russischer art hatte sie kein bett, sondern schlief in einer über dem kachelofen unter der zimmerdecke ausgespannten hängematte. ihr kleines wohnzimmer war eine verschachtelte, nach einem undurchschaubaren system von bedürfnissen eingerichtete nein eben nicht ›eingerichtete‹ sondern immer wie improvisiert scheinende wirrnis. *un petit monde:* bücherregale an den wänden, stapel von kisten koffern kästchen und kartons voll wäsche, papiere, briefe usf.; dazwischen un clavecin, un dulcimer, ein paar timpani avec schlegeln, vor dem fenster ein zerschrammter schreibsekretär — und kreuz und quer durch den raum gespannt schnüre und fäden, an denen mit wäscheklammern notenblätter, zeichnungen, notizen und zettel aller art geheftet waren.

meine wäscherin behauptet, percherette sei eine mannstolle schlampe gewesen. c'est une infamie! gebildetere leute ziehen bei erwähnung ihres namens die brauen in die höhe. je sais, es war anders. mlle. percheron war nicht nur eine lebenskluge, warmherzige frau, den zeitgenössischen künsten, der literatur bildhauerei und malerei zugetan und eine hochtalentierte pianistin (gewiß die begabteste schülerin, die field je hatte), sondern hatte auch ein einsames herz. ihr leben lang suchte sie nach der einen, der großen liebe. field versuchte sie ihr 1810 zu geben. das ist alles, was ich sagen kann.

demoiselle percheron stotterte — wie field — aber es war kein hämmerndes stammeln, sondern eher ein nach- und widerkäuen ganzer worte, frucht komplexen denkens, in widersprüchen, ein reden das ohne unterlaß von reflexion durchkreuzt, ja, dies sei noch wichtig, sagte mir jeanette colmar, dies müsse unbedingt noch erwähnt werden, da ihr porträt sonst einen blinden fleck

rechtzeitig vor 1812 — moskau brennt, und napoleons *grande armée* zieht sich geschlagen zurück — kehren field und seine gattin nach st. petersburg zurück. während in england thomas forster, F. L. S., M. D., seine *researches about atmospheric phenomena* veröffentlicht und sich mit ihnen in die tradition der großen meteorologie von theophrast und plinius bis zu saussure, de luc und bertholon reiht, komponiert field die beiden divertissements für klavier und streichquartett, sowie den *marche triomphale en honneur des victoires du général wittgenstein.*

zwischen 1812 und 1815 entsteht das vierte klavierkonzert in Es-dur. es erscheint 1816 im druck. am anfang hat es mich, im dämmerzustand gehört, am ehesten von beginn her an das zweite erinnert, also irgendwie dieses ganz weiche kantable und so, und also fast ein bißchen feierlich aber das ist vielleicht nicht der richtige ausdruck, so höhlig irgendwie, und es kam mir wie ein ungeheuer konzentriertes gewebe vor, auch in der klangfarbe, und die instrumente kamen mir diesmal unglaublich dicht vor, also nicht wie bei dem dritten konzert daß es so auseinanderfällt wie bei der orgel in 2fuß und 16fuß, sondern alles schön sehr dicht beieinander, speziell am anfang. also ich weiß nicht mir fehlen die worte aber so ein gefühl von mehr romantischer wie es so ineinander ganz dicht ineinandergeht, und diese spiralenförmigen bewegungen also wenn mehr bewegung drinwar das war aber da blieb dieser eindruck erhalten daß es sehr eng beieinander ist vor allem dadurch auch daß es länger gedauert hat als oftmals in den andern konzerten wenn so bewegungen waren im klavier, und dann gabs natürlich auch wieder so ganz strahlende passagen, strahlende lokkerere durch das orchester und so, aber da wurde das dichte und enge dieser eindruck auch für mich eigentlich weitergeführt dadurch daß es so viele tonwiederholungen gab. zum zweiten satz, 6/8 siciliano g-moll mit pizzicato streichern, das hatte fast was sphärisches wie so eine himmelsmusik, und auf zehenspitzen. beim dritten satz, einem tänzerischen rondo, ein ganz langsames rausschälen also dieses zarte wird irgendwie verlängert und es schält sich erst ganz langsam heraus auch da so was ganz dichtes enges im zusammenspiel von das war so eine bestimmte passage von oben so zarten bewegungen und unten so ein rollendes grollendes die rollenden grollenden tiefen der baß in sextolen die skalen rauf und runter, und das hatte für mich irgendwie trotz allem also der zweite satz und der dritte so was von kindsalter. zartes kindsalter. das thema einen kindlichen charakter, und vor allem der umgang mit ihm. überhaupt ein zarterer umgang mit den bläsern. ein sehr schönes klavierkonzert, es hat irgendwie so was dosiertes, so was sehr feines, unheimlich zartfühlend, und gehört wirklich gut zusammen. ein lyrisches kantables stück, kontrastreich lediglich im übergang zur reprise im ersten satz, wo ganz plötzlich ohne modulatorische vermittlung einfach umgeschaltet wird, aber das ist die einzige stelle wo man den eindruck einer etwas gewalttätigen lösung, den eindruck von formschwäche hat. der klavierpart geht wieder öfter in die diskantlage, entweder triolisch oder in gebrochenen akkorden also weniger als lineatur denn als klangzerlegung, beseelt von mozart/haydn'schem geist: im melos quersumme aus schumann und wiener klassik. merkwürdige leerstelle bei field: die konzerte beethovens, sie spielen bei ihm keine rolle, er schaltet um vom klassischen konzerttypus des 18. jahrhunderts direkt in das romantische virtuosenkonzert, läßt jene vermittlungsstufe — ist es eine? — aus. auffällig ist, wie häufig bei field eine einheitliche temperamentslage vorherrscht, eine gewisse friedfertigkeit — keine gestörte, konfliktgeladene konstitution. das hält sich eher auf einem *low level*, in einem verhältnismäßig engen ambitus, einem verinnerlichten lyrischen bereich, kennt an extremen nur das der pianistisch-technischen problemzuspitzung. man vergleiche einmal die langsamen nocturneverwandten mittelsätze fields mit einer romanze bei mozart, etwa im KV 466, die beginnt gleichfalls sanglich, liedhaft, hat aber einen aufs stärkste kontrastierenden mittelteil in finsterer mollparallele, beschleunigtem tempo, mit chromatik, rasenden läufen und ausbrechenden gesten. dieser antagonismus noch krasser in etlichen mittelsätzen schuberts. bei field jedoch herrscht wohltemperierte contenance, allenfalls etwas elegisch getrübt: ungemein differenziert im mikrologischen bereich, aber die heftigeren komponenten sind eher formale brüche oder die konventionellen reste, die dem orchestertutti im ff gerade noch gestattet sind. womöglich haben fields mittelsätze gar nicht mehr die autonomie eines ›satzes‹. sie wirken meist wie improvisiert eingeschoben; als könnten sie auch fehlen. ihre ›unausgeführtheit‹ und kürze macht sie eher zu *skizzen*. und da das 19. jahrhundert die skizze in den rang eines bildes erhebt (man denke an die wolkenstudien constables oder blechens), wird einer der gründe sichtbar, warum fields *nocturnes* stets populärer und angesehener waren als seine konzerte. busoni schreibt über jene: ihre »*schlichtheit und ästhetische ökonomie dürfen nicht als begrenztheit qualifiziert werden; zuweilen muten sie sogar als ergebnisse einer gipfelkunst an*«. ein zweiter grund liegt darin, daß musikgeschichte zumeist als geschichte von *gattungsinnovationen* geschrieben wurde: die individuation eines vorgegebenen zählt weniger als die prägung eines neuen, weil einzig aus ihr jene wegmarkierungen aufzurichten sind, die historizität überhaupt stiften.

um 8^{45} des bezeichneten tages schlug der blitz gleichzeitig in zwei einander gegenüberstehende wohnhäuser im bezirk krasnogorsk, die 50 schritte voneinander entfernt stehen. im nördlicheren der beiden häuser saß im augenblick des einschlagens eine frau nahe beim offenen fenster; sie sah ein feuer durch dasselbe hereinkommen, gleichzeitig erschütterte ein fürchterlicher krach das ganze haus. das dach verlor mehr als die hälfte aller seiner ziegel, und alle zimmerdecken bekamen sprünge. näheres über das feuer, das beim fenster hereingekommen war, konnte die frau nicht mitteilen, da sie vorübergehend betäubt worden war. im anderen haus saß gerade eine familie bei der abendmahlzeit um einen großen tisch, über welchem sich eine hängelampe befindet. plötzlich kam längs der lampe in sehr rascher bewegung eine birnförmig gestaltete feuermasse von bläulich-gelber farbe zum tische herab, warf hier ein mit bier gefülltes glas zur seite und zerschmetterte es, während die lampe unversehrt geblieben war. von den fünf im zimmer anwesenden personen verspürten drei derselben schläge in den gliedmaßen, beziehungsweise leichtere lähmungen, zwei blieben ganz unverletzt. vom tische bewegte sich der feurige körper seitwärts gegen den ofen (das glas war nach der entgegengesetzten seite geworfen worden) und endete mit großem knalle explodierend. während der fortbewegung der kugel war kein geräusch vernehmbar gewesen. *journal des luxus und der moden, moskau 1815*

versuch, die anatomie des menschlichen innenohrs aus einer räumlichen analogie zu tonphänomenen zu entwickeln, also als dreidimensionale korrespondenz mit der zeitlichkeit der schallwelle, diesen versuch jedoch abgebrochen

field wird immer laxer und lethargischer. er freundet sich mit einer modistin an, mlle. charpentier, und zeugt mit ihr 1815 einen sohn, leon. im selben jahr führt er mit drei weiteren pianisten bachs konzert für 4 klaviere auf: eine sensation für rußland. graf orlow offeriert ihm den titel eines *court pianist* — field lehnt dankend ab: »*le court n'est pas fait mour moi — et je ne sais pas lui faire la cour*«. breitkopf & härtel aus leipzig bieten ihm die veröffentlichung aller bereits geschriebenen und zukünftigen werke an. field hat das quintett und die ersten vier konzerte bereits an DALMAS verkauft, läßt diese werke und die künftigen aber in leipzig neu drucken: damit verbreitet sich fields kompositorisches ansehen über ganz europa. im winter 1817 wird michael glinka fields schüler. »*hardi, capricieux, imprévu*«: so charakterisiert er fields spiel. fields privatleben kompliziert sich zusehends:

1819 bringt auch percherette einen sohn zur welt: adrien field. leon charpentier ist zu dieser zeit bereits 4 jahre alt, er zeigt die musikalität des vaters und zieht dessen ganze liebe auf sich. um 1819 ist field gänzlich abhängig von champagner, sekt, allen arten von alkohol. er braucht diese stimulantien. er schreibt sein sechstes klavier-konzert.

ich finde das 6. konzert in C ist trotz des heraldisch-pla-kativen marschthemas zu beginn (das im ›ton‹ bereits mahlers dritte symphonie ahnen läßt) ein eher nach-denkliches eingedunkeltes stück, nicht nur wegen des introitus-zitats aus mozarts requiem. im ersten satz herr-schen marche-lyrique-charaktere schubert'scher prove-nienz vor; schuberts etwa zur selben zeit entstandenes wanderer-motiv wird sogar in einer zentralen episode, meno mosso in B, zitiert. der ausgedehnte anfangssatz verwebt das klavier stärker als die früheren werke ins thematische geschehen. das von einer baßposaune grun-dierte orchester wird dem klavier ein fast ebenbürtiger dialogpartner, dafür verzichtet dieser auf allzu exzentri-sches passagenwerk, die solistischen passagen schwingen gleichsam in engerer amplitude; läufe und helle dahin-splitternde episoden sind reduziert, häufiger werden reife umfassende, umhüllende, vollgriffige gesten, die schon auf brahms verweisen. zugleich aber bricht der ganze satz aus dem klassischen duktus wie nur später bei mahler. volkstümliche elemente, eine ›gebrochene‹ diatonische naivität, eine artifizielle simplizität voller trivialgestalten, werden collagiert, wie filmschnitte zusammengeklebt.

fields ›formschwäche‹ wird seine ästhetische stärke: die abrupten schnitte, an denen sich das überraschende in der vielfalt erweist, klingen, als hätten sie ein esoterisches programm, als separierten sie offene oder versteckte zitate; auf das marschmotto zu beginn habe ich schon hingewiesen, und der verwundert blinzelnde, scheinhaft banale eintritt der reprise hat sein gegenstück allenfalls im ersten satz von mahlers 4. symphonie. auch das minimalistische motiv des langsamen satzes — eine bearbeitung des 6. nocturne — weist deutlich voraus: bela bartók formt aus ihm den mittelsatz seines ersten klavierkonzerts, man vergleiche einmal die jeweils letzten takte: aus fields nachtstück wird, hundert jahre später, ein nachtmahr. der letzte satz ist eine stilisierte polka, gebrochen und uneigentlich wie nur bei schumann, aber mit einer gewissen chuzpe, einem gewissen zynismus, die diesem fremd sind. maskierte einsamkeit auf winterbällen, fern aller tanzseligkeit. *arlequinage* nennt field den satz.

»field war sehr lebhaft und zeigte nichts von jener reserviertheit, wie sie für den engländer charakteristisch ist. fields geist in all seinen windungen und widerworten erinnerte weit mehr an einen, dessen sinn von den freien auffassungen voltaires und rousseaus durchdrungen war, als an einen engländer«, berichtet sein schüler alexander dubuk. ein russisches journal behauptet: »field ging oft ins deutsche oder französische theater, und seine kritik war hernach stets unorthodox und geschliffen. seine liebsten stücke waren die von shakespeare, dessen gesammelte werke in einem band man unter seinem kissen fand, als er im sterben lag«: was ein unbequemes kissen gewesen sein muß, wie piggot zu recht argwöhnt. glaubwürdiger schreibt dubuk: »eine sehr profunde bildung hatte er nicht, daher war sein literarischer geschmack ziemlich schlicht: so las er z. b. gern die romane von paul de kock«. paul de kock war berüchtigt für seine unzweideutig pornographische prosa aus dem pariser hintertreppenmilieu.

ende 1821 entschließt sich field zur rückkehr nach moskau. dort mietet er zwei wohnungen: eine für sich — eine für mlle. charpentier und leon. in der gesellschaft schnalzt man indigniert und rümpft die brauen. madame field verläßt mit dem 18 monate alten adrien st. petersburg und zieht nach smolensk, wo sie als pianistin und »field-schülerin« bescheiden karriere macht. 1822 besucht j. n. hummel incognito field: der coup d'irrésistance macht aus beiden freunde: man spielt öffentlich zu 4 händen. auch ignaz schuppanzigh, freund beethovens und schuberts, besucht field und behauptet später, dieser habe beethovens c-moll-konzert aufgeführt (: was dokumentarisch nicht belegt werden kann; field hält nicht viel von beethovens klaviermusik, er nennt sie »diesen deutschen putzlappen« (*torchon allemand*). auf beethovens orchester- und kammermusik jedoch hält er große stücke).

1822 publiziert luke howard seine *essays on the modification of clouds*, die nicht nur der himmels- und wetterkunde neue wege weisen, sondern auch auf dichtung (goethe) und malerei (constable und blechen) von beträchtlichem einfluß sind. im gleichen jahr wird fields siebtes und letztes klavierkonzert uraufgeführt: am 6.3.1822 — allerdings nur der erste satz; das konzert wird erst zehn jahre später komplettiert: zwei ungedeckte paukenwirbel im pp, gefolgt von einem elegischen thema in den holzbläsern (field präferiert das schattige timbre von klarinette + fagott) leiten das janusköpfige werk ein: der erste satz großdimensioniert, ebenso bravourös wie tragisch zerklüftet, mit einer berückend schönen langsamen episode in G (später separat als nocturne nr. 12 veröffentlicht) — dann das finale, halb ländler halb wiener walzer, unnachahmlich fieldish in seiner ambivalenz zwischen sorglosigkeit und wehmut. robert schumann schreibt über das werk: »wenn ich ein dichter wäre, würde ich nur in lord byronschen stanzen reden, so englisch (im doppelsinn) finde ich das konzert (…) ja freilich ist alles bon und zum küssen und namentlich du, ganzer letzter satz in deiner göttlichen langweiligkeit, deinem liebreiz, deiner tölpelhaftigkeit, deiner seelenschönheit, zum küssen vom kopf bis auf die zehe.« — der französische kritiker d'ortigue machte als erster auf jene erstaunliche stelle aufmerksam, wo »man in der mitte eines pianissimo einen eigentümlichen ausbruch der trompeten hört: eigentümlich, weil der unerwartete effekt nicht erschreckt, sondern im gegenteil wie eine weit entfernte stimme scheint, die da durch die luft treibt«. fields letztes werk erschließt sich kaum noch über die formtotale, sondern nur mehr über seine episodentechnik; verstörend wirkt auch der melancholische einschub, der am ende

den walzer unterbricht: die musik reißt plötzlich ab —
und geht dann ebenso unvermittelt weiter als wäre
nichts geschehen. diese zäsur ist schockhaft durchaus.
field fürchtet die autorität der form. die form, das ist die
strenge des vaters in einer dickensischen kindheit: daher
das schematische habacht vor der reprise, dieses abgrün-
dig traurige hackenzusammenschlagen. dem einmal ge-
setzten aber schmiegt field sich nachgiebig an: zerlegt,
kleidet aus, variiert, horcht hinterher, kann sich nicht
trennen. die mutter führt durch, vermittelt, was der vater exponiert. die reprise *ist* der sohn.

ganz anders theologisch und das wäre nicht in fields
sinne, dann wäre die durchführung die liebende vermittlung jesu, die exposition wäre *veni creator* das pfingst-
wunder der setzung mit feurigen zungen der heilige geist,
die reprise die aufhebung im vatergott

am 9. juni 1825, vormittags 8 uhr, schlug der blitz in eine
gruppe soldaten, die sich während einer felddienstübung
um den zu pferde sitzenden kompaniekommandeur gebildet hatte; der hauptstrahl traf das pferd, das alsbald ver-
endete; durch zweigstrahlen wurden fünf mann mehr
oder weniger schwer verletzt, der hauptmann nebst einigen leuten zu boden geworfen. mit ausnahme eines einzigen, des hornisten, erholten sich die sämtlichen getroffe-
nen bald wieder von ihrer betäubung. der am schwersten
getroffene hornist blieb zunächst bewußtlos und atmete
nicht. der blitzstrahl hatte seine helmspitze getroffen
und diese sowie die metallteile des helmes an mehreren

stellen geschmolzen. das haupthaar des hinterkopfes wurde kurz abgesengt und eine lederartig versengte rinne erzeugt. von hier ab teilte sich der strahl. ein zweig lief, sich in der mannigfaltigsten weise verästelnd, über brust, magengegend und das rechte bein, auf dem fußrücken noch brandwunden zurücklassend. dr. plechanow vergleicht die entstandenen blitzfiguren mit einem dicht verzweigten bärlappmoose. der mächtige zweig des hauptstrahls hinterließ auf dem rücken eine verbrennungsfläche, auslaufend in einen 20 cm langen streifen, welcher in der mitte blau, an der seite rot war. ein großer, flammenartiger büschel erstreckte sich bis in die linke achsellinie. von der verbrennungsfläche strahlten fächerförmig streifen aus. die haut auf der verbrennungsfläche war teils in tropfenform von stecknadelkopf- bis linsengröße, teils in flächenform lederartig verbrannt und von gelblich-grauer bis roter farbe. der hauptstrahl zerriß auch die kleidung, sprang in das seitengewehr, an dem mehrfache schmelzringe zu beobachten waren, ging unter der bildung eines loches mit verbrannten rändern durch die drillichhose und durch ein zweites loch in die unterhose gegen die kniekehle. die stiefel, welche mit eisen und nägeln versehen waren, wurden drei schritt weit fortgeschleudert, schaft und oberleder durchgerissen. an der außenseite des stiefeleisens war eine schmelzung, und in der fußsohle eine damit korrespondierende blutblase zu bemerken. ein wahrscheinlich vom pferd übergesprungener strahl hatte außerdem diesen mann an den ellenbogen getroffen, dort eine verbrennung der haut in der größe eines rubelstücks verursacht, welche von einem

kranz feiner strahlen umgeben war. *spitalsbericht, moskau*
1825

tiere die vom blitz getroffen gehen rasch in verwesung
über, so daß das fleisch nicht genießbar

die jahre zwischen 1824 und 1831 sind unproduktiv.
fields gesundheit verschlechtert sich. er leidet an hämorrhoiden und verdauungsstörungen. er braucht den alkohol zur schmerzbetäubung. die gesellschaft nennt ihn
jetzt »suffjohann«. er unterrichtet von morgens bis
nachmittags um vier, dann läßt er sich in begleitung seiner vier lieblingshunde, die klassische namen haben:
sokrates, herodot usw., von einer droschke ins restaurant
fahren. sein jährliches durchschnittseinkommen aus unterrichtsstunden beläuft sich auf 10.000 rubel; ein privat-
konzert bringt 500, ein öffentliches 10.000 rubel ein.
»field machte alles in großem stil — wer aber von seiner
sorglosen extravaganz profitierte, das waren seine vielen
zechkumpane und schnorrbrüder.«

so geht ein jahr nach dem andern dahin: zuerst blühen
schneeglöckchen und salweide, dann entfalten roßkastanie, birke, rotbuche, esche und eiche ihr laub. auf dem
land beginnen die feldarbeiten mit der aussaat und das
sommergetreide geht auf. dann blühen obstbäume und
flieder, dann holunder und robinie, und schließlich blüht
das getreide und schiebt ähren und rispen. es blühen die
linde und die weiße lilie und das getreide wird geerntet.
dann blüht das heidekraut, zuletzt die herbstzeitlose, und

schließlich sind die früchte der roßkastanie reif, das laub
verfärbt sich, man erntet die kartoffeln und das obst. und
dann fällt das laub ab. mit der rübenernte enden die feldarbeiten auf dem land. so geht ein jahr nach dem andern
dahin.

im januar 1828 meldet die leipziger *allgemeine musikalische zeitung*, field plane eine konzertreise nach london. er
wird diese reise tatsächlich drei jahre später antreten. er
will seine mutter wiedersehen, die er mit einer jährli-
chen pension von 2000 rubel unterstützt hat. und er
sucht bessere medizinische hilfe für seine chronischen
leiden, als rußland sie bieten kann. am 18.4.1831 schreibt
die berliner zeitschrift *iris im gebiete der tonkunst*, das ge-
rücht, field sei gestorben, entbehre jeder grundlage. auch
andrej bulgakow wird ein opfer solcher gerüchte, sein
bruder schreibt ihm: »field ist also gestorben. ich sah ihn
hier noch im sommer, wie er geistesabwesend durch die
stadt ging. schade um ihn: eine große begabung — wir
werden so bald nicht seinesgleichen haben.« aber field
ist nicht tot, sondern mit dem sechzehnjährigen leon
charpentier am 15. april 1831 — der finnische meerbu-
sen ist jetzt eisfrei — auf dem dampfschiff *NIKOLAI I.*
nach lübeck aufgebrochen. von hamburg soll es dann
nach london gehen. die reise wird länger dauern als erwartet — und in einem desaster enden.

an die reeling gelehnt das stille wesen der wolken mit
gelassenem schwermütigem blick

London, Paris und die Schweiz 1831–1835

the directors of the philharmonic society purpose giving a dinner at the clarendon hotel, during the present month, to paganini; on which occasion hummel, ferdinand ries and russian field, will also be invited. *court journal, 11.6.1831*

die *georgian era* ist dahin, das viktorianische zeitalter kündigt sich an. londons musikalischer geschmack hat sich gewandelt; die *royal italian opera* spielt jetzt rossini, donizetti, bellini. haydn ist seit zwei jahrzehnten tot, clementi geistig umnachtet; beethoven, vor vier jahren verstorben, wird von connaisseuren verehrt aber auch gefürchtet. moscheles, potter, smart und neate heißen die führenden köpfe des musiklebens. sie freuen sich auf fields besuch. am 27.2.1832 betritt er zum erstenmal wieder für ein solokonzert ein englisches podium und eröffnet mit diesem recital die saison der philharmonischen gesellschaft.

es war ein interessantes schauspiel, dem herzlichen empfange beizuwohnen, der field von den seinerzeit berühmtesten musikern zuteil wurde, deren namen jetzt schon geschichte sind. das ungepflegte äußere gab sein musikalisches genie nicht zu erkennen. er scheerte sich nicht um die normen der gesellschaft, ihm war das egal.

charles kensington salaman

der tigersprung in die musikgeschichte bzw. sich auf eröffnende akkorde akkordzerspellungen fortissimo und diskantperlenschnüre so stürzen wie mit scharfen klauen ein raubvogel aus der luft, mit schnabelnase und scharfem auge zuhacken

ein kurpfuscher verordnet field *lapis infernalis* (ätzende pottasche) gegen seine hämorrhoiden. dadurch verschlimmert sich das leiden. der führende englische chirurg seiner zeit, astley cooper, operiert ihn. das leiden bessert sich vorübergehend.

»warum bleiben Sie im türrahmen stehen und schauen den wolken nach? kommen Sie herauf, sir — und schließen Sie die tür. eine alte frau friert es leicht.«

»frau mutter, ich —«

»und legen Sie mir den shawl um die schultern, so ist es gut, danke. wie, sagten Sie, heißen Sie?«

»frau mutter — erkennen Sie mich nicht? da droht ein leu — dort wogt ein elephant —«

»— kameeles hals, zum drachen umgewandt —«

»also erkennen Sie mich —«

»*why, your hair is white, while mine ist still as black as*

ever. du hast dich treiben lassen, mein sohn. husch, kein
wort. setz dich ans clavier. spiel etwas.«

anfang märz 1832 stirbt clementi auf *elm lodge,* am 29.3.
findet die totenfeier in westminster abbey statt. am 31.3.
spielt field in der albion tavern bei einem festdiner zu
haydns hundertstem geburtstag. am 28.5. erntet der drei-
undzwanzigjährige mendelssohn für seine aufführung des
g-moll-klavierkonzerts enthusiastischen erfolg. moscheles gibt ein dinner zu ehren mendelssohns und fields.
mendelssohns briefe und tagebücher erwähnen field mit
keinem wort — was field über mendelssohn dachte, ist
nicht überliefert. moscheles mag field nicht sehr. sein
gesellschaftliches auftreten, sein zynismus stoßen ihn ab:
»kein größerer gegensatz ist denkbar als der zwischen
einem field-nocturne und fields manieren.«

um 12 1/2 mittags begann das gewitter schwach und
nahm gegen 1 uhr noch zu. gegen 2 uhr schien das un-
wetter seinen höhepunkt erreicht zu haben, um 2 1/4 uhr
trat aber folgendes ein: wir saßen zu tische im speisesaale,
meine eltern, zwei brüder, meine fiancée und ich. ich
hatte eben 20 sekunden zwischen blitz und knall gezählt
und dachte, daß das gewitter sich zu entfernen begänne.
wir sahen dann alle plötzlich eine leuchtende weiße kugel, in der mitte über dem tische schwebend, und riefen
wie aus einem munde »*look, o dear!*«. in demselben
augenblick explodierte die kugel mit starker detonation
und lichtentwicklung, wodurch wir alle heftig gegen den

stuhlrücken geworfen wurden. niemand wurde beschädigt, nur meine haare und meine kleider wurden ein wenig gebrannt, so daß es brandig roch. auch das tisch-
geschirr war unversehrt, nur ein paar stückchen käse
wurden aus dem saale herausgeworfen. eine tür zur ge-
deckten veranda und ein fenster waren offen. wir fühlten
uns eine weile wie gelähmt und haben alle die erscheinung ganz in derselben weise beobachtet. eine dienerin,
die im drawing room nebenan aufwartete, fiel vorwärts
auf den boden, hat aber kein licht gesehen. mitten unten
im erdgeschosse liegt die küche. die köchin war allein
dort. sie hatte flammen rund herum gesehen und fühlte
sich in die luft gehoben. eine beschädigung konnte nirgends im ganzen hause entdeckt werden. der türklopfer,
ein medusenkopf aus messing, fiel hinunter. das haus hat
keinen blitzableiter. einen augenblick nach dem explo-
dieren der kugel kam ein gewöhnlicher blitz und zersplit-
terte zwei bäume vor dem hause. *manchester guardian*,
4.7.1832

im juli 1832 gibt field zwei konzerte in manchester. am
25. juli stirbt fields mutter, grace marsh, 78 jahre alt, in
ihrem haus in der prince's street. field wollte sie besuchen — und findet sie tot in ihrem bett liegen. es wird
einsam um ihn. leon weilt schon seit längerem in paris,
um gesangunterricht zu nehmen.

gesang wäre nein ist wenn in einem hohlmuskel luft die
bänder in schwingung dann sind telegraphenbänder im
sturm oder rauschendes laub im wind vokalstimmen

auch der falsett an häuserecken, also sing-instrumente
der meteorologischen erde, soll heißen das wetter dient
in erster linie der musikalisierung unserer luftschichten,
die himmelserscheinungen ließen sich derart als voka-
lisationsphänomene deuten: es käme darauf an, nicht
musik als natursprache sondern natur als musiksprache
zu lesen

der unausgesetzte witterungswechsel südenglands. die
wolken häufen sich zu sehr großen massen und scheinen
wegen ihrer höhe sich nur langsam zu bewegen: unmittelbar auf diesen großen wolken erscheinen zahlreiche
dunkle flecken; dies sind kleine wolken, die schnell an
jenen vorbeiziehen und aus vereinzelten teilen bestehen,
die wahrscheinlich von der größeren wolke abgetrennt
sind. da diese kleinen viel näher der erde schweben, stoßen sie vielleicht auf eine stärkere windbewegung, die
sie, da sie auch verhältnismäßig leichter sind, veranlaßt,
sich mit größerer geschwindigkeit zu bewegen; daher
werden sie von windmüllern und seeleuten »boten« genannt und zeigen immer schlechtes wetter an. sie fliegen
in der mitte dessen, was man die wege der wolken nennen könnte; deshalb haben sie einen fast gleichartigen
schattenton, da sie nur reflektiertes licht von dem klaren
blauen himmel dicht über ihnen empfangen. wenn sie
an den hellen großen wolken vorbeiziehen, erscheinen
sie dunkel; dort, wo sie an den beschatteten teilen vor-
überfliegen, nehmen sie einen grauen, bleichen oder fah-
len ton an. *constable*

fields gesundheit verschlechtert sich wieder. seine konzerteinnahmen decken gerade die ausgaben. er reist ab: gen dover. in paris erwartet ihn leon. ob field sich, beim übersetzen nach calais, darüber im klaren ist, daß das frankreich louis philippes nicht mehr das napoleonisch-postrevolutionäre ist, das ihm für dreißig russische jahre zum maßstab eines freisinnigen lebensstils wurde? cherubini und rossini haben sich zurückgezogen, paris fiebert in einem amalgam aus industrialismus und hyperromantik. entfesselt sind die avanciertesten musikalischen produktivkräfte: paganini, der junge liszt und der 21jährige chopin faszinieren mit ihrem spiel, berlioz alkan und meyerbeer mit ihren kompositionen. le tout paris entzündet sich an seiner *avant-garde* — ist field *passé*, so wie er in london *old-fashioned* schien, altbackener repräsentant einer von der furie des verschwindens gejagten pianistischen schule?

kurze finger wie mäuse über die tastatur huschend, krakelfinger spinnig eine fuge durchstaksend wobei die fingerspitzen wie an tentakeln hängend auf die tasten tropfen, schaufelhände maulwurfig gebrochene akkorde beiseiteschürfend, arpeggien harfend hände wie vogelschwingen, oder, ein fleischerner automat, das klöppelwerk präzis rektangular gekrümmter finger eine toccata hämmernd, oder nicht rechtwinklig geknickt sondern gerade langgestreckt sich tastelnd im nocturne ein elfenbeinern nestelspiel pp

aber es sind nicht die hände sondern es ist die miene die

dem erklingenden sich anverwandelt oder vielmehr kraft eines mimisch-hypnotischen zaubers das klingende überhaupt erst *generiert*, man beobachte das gesicht des pianisten so daß nur der kopf über dem hölzernen korpus des flügels zu sehen, nicht arme beine hände leib: der blick weitaufgerissen oder eingezogen, der mund zum flüstern oder stöhnen geöffnet; die brauen zucken die stirne furcht sich ein der ausdruck scheint gequält bis zum äußersten gespannt die traduktion von musikalischer expression in physiognomik die translazion in schönste menschlichkeiten, gesichter sind ja nie so schön wie wenn sie musizieren

zu weihnachten 1832 debütiert field im überfüllten *salle du conservatoire* mit seinem komplettierten 7. konzert in c-moll. anwesend ist alles, was rang und namen hat, die *haute volée* der stadt. der erfolg ist geteilt. die *revue de paris* urteilt: »in fields musik gibt es keinen ›lärm‹, kein wüstes gedonner: nichts, womit der scharlatan angiebt.« fétis schreibt in der *revue musicale*, field lasse die härte der modernen schule vermissen, habe aber mit seiner eleganz und seinem wunderbaren cantabile einen enthusiasmus hervorgerufen, ein veritables delirium, das man unmöglich beschreiben könne. und joseph d'ortigue stellt field mit beethoven und paganini in eine reihe. »er kommt nicht aus irgendeinem approbierten system, gehört keiner schule an: weder der dusseks, noch der clementis, noch der von steibelt. field ist field. er ist original, ein naturtalent. in seinem vortragsstil scheinen alle sonstigen technischen aufwendungen wie ausgelöscht.

dieser stil hat gelassenheit und witz, hat präzision, anmuth, poesie, und überraschenden applomb. field sitzt einfach am klavier so wie an seinem kamin. er macht keine einleitenden gesten wie so viele unserer künstler. in den ersten takten möchte man seine hand schwerfällig finden, allein unversehens wird das spiel lebhaft, delikat und von unglaublicher sauberkeit in extrem beweglichen passagen. stets bleibt er *senza animato* — kurz, er ist kühl, aber diese kühlheit ist ein wesentliches element seiner kunst.«

chopin ist nicht so begeistert: »kein tempo; keine élégance; unfähigkeit schwierigkeiten zu meistern — mit einem wort: schwach!« auch liszt ist nicht sehr angetan: »schlafmützig (*endormi*); keine energie.« (immerhin rügt auch fétis den mangel an verve und animato.) field revanchiert sich. über thalbergs musik sagt er: »*it takes longer to learn to play such stuff than to write it*«, und bei einem liszt-konzert — der jüngling mit löwenmähne und schwarzen lackschuhen stürzt sich genialisch in die tasten — fragt er laut seinen platznachbarn: »*does he bite?*« chopin nennt er ein »*krankenzimmertalent*«: »chopin? was hat'n der schon geschrieben? doch bloß mazurken.« chopin?: »*der war ja sein leben lang am sterben.*« die jungen studenten des conservatoire aber haben den noch nicht alten, aber schon weißhaarigen doyen des fortepiano ins herz geschlossen und besuchen ihn auf seinem hotelzimmer. alphonse marmontel erinnert sich: »er saß in einem sessel, von flaschen aller art umringt, im mund eine gewaltige pfeife. sein haupt ziemlich groß, die wan-

gen gerötet, die züge etwas verquollen, was ihm ein fal-
staffisches aussehen verlieh (...) wir schieden — entzückt von dem künstler, aber mit traurigen eindrücken
von dem menschen.«

mit seinem ausdrucksvollen anschlag und seiner extremen delicatesse erzielte field tonschattierungen von ex-
quisiter färbung. seine fingerfertigkeit in rasanten passagen war unvergleichlich; singende melodiebögen nah-
men unter seinen händen eine *suavitas* und zärtlichkeit
an, wie sie nur wenigen virtuosen gegeben sind. unter
einer rauhen schale muß field große gemüthstiefe beses-
sen haben, denn seine musik ist voll charme, delicatesse
und ›herz‹.   *marmontel*

aber field kann sich nicht benehmen. bei einer soirée der
herzogin descazes zieht er sich — der frack wie immer in
unordnung — zu enge schuhe an. die kronleuchter strahlen eine mächtige wärme ab, die füße beginnen zu
schwitzen. er zieht sich die schuhe aus und tappt bar-
sockig an den flügel. man ist indigniert; dieser mensch
hat eben kein *savoir-faire*.

über die beobachtung eines kugelblitzes vermag ich noch
folgendes aus der erinnerung zu erzählen. es war anfang
der 30er jahre an einem himmelfahrtstag, mittags zwischen 12 und 1 uhr, in deux-les-chapelles, das wetter war
warm, der himmel bewölkt, aber nicht gewitterhaft, kein
sturm; ich befand mich auf der straße, als plötzlich ein
greller blitz und unmittelbar darauf folgender donner-

schlag anzeigte, daß es eingeschlagen haben mußte. da die wallfahrtskirche ganz in der nähe war, sah ich zuerst dorthin und bemerkte nun, wie sich vom fuß eines der türme zwei feurige kugeln divergierend in mäßiger geschwindigkeit quer über den marktplatz auf mich zu bewegten. beide kugeln hatten ungefähr die größe einer kleinen kegelkugel und bläuliches licht. mein erster gedanke war, den kugeln aus dem wege zu gehen, und ich flüchtete mich deshalb in das nächststehende haus. als ich nach einiger zeit wieder heraustrat, war absolut nichts mehr zu sehen und auch sonst keine gewittererscheinung zu bemerken. auf der straße befand sich meines wissens zu dieser zeit noch kaum jemand, da es essenszeit war. mit meiner erzählung über diese erscheinung fand ich nirgends glauben. *hist. rer. nat., paris 1836, vol. xxxiv, p. 56–57*

am 27. februar 1833 gibt field ein konzert im *salle du grand concert* zu brüssel, am 11. märz eines »auf königliche ordre« am belgischen hof: dafür bekommt er statt der üblichen silbernen tabatière 1200 francs. field braucht das geld, um sich von frankreichs angesehenstem chirurgen, baron dupuytren, behandeln zu lassen. im mai verläßt er mit leon paris. am 22. juni konzertiert er in toulouse. die *haute monde* in der *salle de l'athenée* zollt ihm frenetischen applaus. im august läßt sich field zweimal in marseille hören.

von musik abgesehen, ist ihm alles von zweitrangiger bedeutung: unvollständig ist sein leben, wenn er nicht töne hervorbringt. andernfalls ist field nur ein träumerisch eingekapseltes wesen, eine um licht ringende seele, so lange sein sechster sinn, das piano, schweigt. seine mangelnde anteilnahme an der welt in der er lebt, an den menschen die an ihm vorüberwandeln, entspringt der zeitweiligen absenz jenes sinnes, der allein die kraft hat, andere zu erwecken, zu begeistern, zu stimulieren. sitzt er aber am piano, dann liebkosen seine finger die tasten, dann erwacht seine miene, sein gesicht erstrahlt in plötzlicher inspiration: *er lebt* — und zwar in einem erregten, doppelt intensiven leben: dem leben derer die empfangen und erschaffen; seine augen leuchten, als hätte sich ihm der engel der musik selber offenbart und dem guten irländer die himmelspforten geöffnet. ich liebe solche menschen, denen die kunst heilig ist, ein glaube aus dem ihre innersten anschauungen quellen, und für die das leben nur wissensdrang & kontemplation bedeutet. zu ihnen gehört unser köstlicher komponist. ah! glaubt doch nicht, das wort »köstlich« sei gedankenlos gewählt. ich habe dies wort aus fünfzig anderen erkoren, weil es mir als einziges dem bewundernswerten talent fields angemessen scheint. in seinem spiel ist solch perfecte delikatesse des anschlags, solche suavitas der tonfärbung, solche expression, solche clarté in der artikulation! nachdem er uns durch einen reigen zärtlicher und verträumter modulationen geleitet hat, führt er uns mählich, wie durch zauberei, in himmlische, dem menschenohre unbekannte sphären, in denen man beinahe das süße murmeln von frauenstimmen zu hören vermeint, und wirklich die bezaubernden töne der mars, der jenny vertpré, der mademoiselle sontag zu vernehmen glaubt. field ist der racine des klaviers. das schöne haupt mit der breiten stirne gekrönt von kräftigen locken achtlos fallenden weißen haars, die gesichtszüge klar & markig und von edelsinn & humor erfüllt; strahlende witzige augen; die kleidung gemeinhin vernachlässigt: und ihr habt von fields aussehen eine ungefähre vorstellung. was ihn aber, für meinen geschmack, interessant macht, was an ihm das genie zeigt, das ist sein unzugängliches detachement, sein air von geistesabwesenheit und sublimer vagheit. ladet field zu eurer soirée ein, sammelt viele gäste um ihn — und ihr könnt sicher sein, daß der künstler weder von euch noch von der versammelten gesellschaft notiz nimmt. wenn er höflich ist, wird es die höflichkeit der konvention, der gewohnheit sein, oder er wird nur gefallen wollen. sprecht ihr ihn an, wird er antworten, doch seine seele wird vielleicht weit fort sein, und just wenn ihr glaubt, er wäre von eurer eloquence beeindruckt, wird er in wahrheit tauber sein als je zuvor. *sémaphore de marseille*

musikalische werke als zellagglutinationen als individuierte entitäten mit fensterlosem d. h. geschlossen monadischem wesenskern was keine anthropomorphisierung ist vielmehr sind musikalische werke lebende wesen, sie haben eine seele und einen namen, sie werden geboren und schwinden dahin ja daß sie sich in und mit der geschichte verändern besagt nichts gegen sondern bestätigt geradezu daß sie mit menschen leben und sich zu ihnen auch auf erotische oder libidinöse weise verhalten: der umgang mit instrumenten — das violoncell zwischen den beinen, das nuckeln an der klarinette, die auf die geige geschmiegte wange — ist nur der sichtbare ausdruck für diese *agape*, dieses sehnsüchtige herüberbeugen vom werk-ich zum menschen-ich.

mitte september gibt field zwei konzerte in lyon und überquert dann die grenze zur schweiz.

als ich gestern in der neunten abendstunde, mit einem herrn von einem spaziergange heimkehrend, etwa 1 meile von genf mich befand, beobachtete ich trotz des herrschenden wässerigen schneefalls eine art leuchten des bartes, und in der meinung, es rühre dies leuchten von den anhängenden wassertropfen her, befragte ich meinen begleiter, welcher dieselbe beobachtung machte. bald darauf sah ich auf meinen mit einer stahlspitze versehenen stock und bemerkte, daß derselbe, aus dem schnee gezogen, leuchtete; ich erhob den stock, und wir sahen zu unserm erstaunen an der stahlspitze ein büschelförmiges, elektrisches leuchten, das zischend anhielt; ich berührte das lichtbüschel, worauf es verschwand, um doch gleich, sobald ich den stock durch die luft schwang, wieder zu erscheinen und zischend zu leuchten. in unserer betrachtung störte uns ein kräftiger, lang anhaltender blitz, so daß wir für einige augenblicke ganz blind waren. wir gingen dann weiter, und die beobachtete erscheinung diskutierend, bemerkte ich noch einige male während des gehens ein aufleuchten der stahlspitze meines stockes, das doch nicht mehr so inten-

siv war, und endlich, als wir gegen genf kamen, ganz verschwand. auch der schneeartige regen ließ dort nach. in
der nacht und den folgenden tag über schneite es kon-
stant. *genfer volksblatt, 28.9.1833*

lundi, 30 septembre 1833 aura lieu à 7 heures dans la
salle du casino, un concert, vocal et instrumental, donné
par john field, pianiste de russie. *journal de genève*

im hotel savoy der geruch nach latschenholz das noch
etwas feucht im ofen und aus der tiefen steinernen küche
nach saurem wein geräuchertem und olivenöl. wände
und decke des zimmers holzgetäfelt, dunkel und schwer
die bohlen des dielenbodens aus zirbelkiefer. nach
schwerem schlaf vorzeitiges erwachen: in einen sonnenaufgang, der das am vortag wolkenverhüllte panorama
der kalkzinnen und gipfelnadeln aus sternglitzernder
schwärze langsam in lasurfarbenes blau aufglühen läßt

an: jacques-augustine galiffe pictet, à genève
my dear sir
me and my boy are going to morrow to mont-blanc, it
will take us two days at our return I shall have the pleasure of dining with you and of seeing your lady, it will be
then on monday I shall have the pleasure of seeing my
very good friend.

yours truly

did you not live at baron ball? *j. field*

am 12. september war ich auf dem montblanc bei ziemlich zweifelhaftem wetter. wolken und nebel stiegen von italien her empor und bedeckten allmählich die berge rings um den montblanc. wir hatten mitunter etwas schnee, noch vor mittag und während des abstieges schneite es ganz gemütlich. es mochte wohl 1/2 4 oder vielleicht auch 4 uhr nachmittags gewesen sein, da begann das singen der eispickel, der felsen usw., und zuweilen blitzte es auch. plötzlich schlug ein blitz, augenscheinlich nicht weit von uns, ein, denn der donner folgte fast momentan mit einem lauten krach. vor dem donner und gleichzeitig mit dem blitz vernahm man ein krachen, einen ton, als ob etwas gespalten oder gebrochen würde und dabei hörte man einen patsch auf den felsen. das geräusch ist schwer zu beschreiben und ein richtiges wort dafür kaum zu finden. dieses geräusch ging dem donner voraus, es war scharf und doch auch wieder schwach. ich denke, daß ich allein es hörte, weil ich an der betreffenden stelle stand. später kam ein anderer blitz. hierbei hörte ich keinen patsch an den felsen; aber augenscheinlich mit dem blitz und vor dem donnerschlag kam ein leises, knisterndes und krachendes geräusch, fast möchte man sagen: der geist eines donners. es erinnert mich an das geräusch, das man beim neuschnee hört, wenn eine leichte kruste darüber liegt und der fuß einbricht. diesmal verspürte ich eine leichte erschütterung im kopfe. ein dritter blitz gab denselben ton wie der zweite; aber keiner der anderen erschien so deutlich, und das geräusch hörte ich nicht weiter. es war schon dunkel, als wir die untere hütte erreichten, und das *elmsfeuer*, das von unseren fingern, wenn wir dieselben emporhielten, von den pickeln, hüten, haaren usw. ausströmte, war ganz prachtvoll. zahlreiche flämmchen saßen auch den felsspitzen auf, die von dem schmelzenden schnee ganz naß waren. andere leute, die an demselben tage auf dem piz morteratsch gewesen, erzählten mir, ehe ich ihnen noch meine erfahrung mitgeteilt hatte, daß das blitzen mit einem patschenden geräusch an dem felsen verbunden gewesen sei. sie sagten auch, jene, welche filzhüte getragen, hätten erschütterungen verspürt, jene dagegen, welche strohhüte aufgehabt, nicht. alle hüte aber seien naß gewesen.   *kantonsbericht, bern 1833*

nicht das meer sondern das gebirge von romantischen malern und dichtern aufgesucht, weil dort erhabenes und genrehaftes im wechselspiel, in grausenvoller ambivalenz, das idyllische von schroffen schründen und abgründen durchfurcht was einfach ein speculum romantischer individuation gefährdeter psyche ist — das meer hingegen leer unendlich unkonturiert diffus und kennt nicht den einzelnen ton der die felswand braucht um sich als *echo* von ihr abzustoßen, es braucht aber der laut seinen widerhall um ganz wirklich zu werden, der ruf des seemanns im krähennest verfliegt absterbend dünn in die weite — der ruf des sennen kommt, reflektiert, zu ihm zurück und klagt jedesmal aufs neue echos verschmähte liebe zu narziß ein

auf seinen ausflügen in die schweizer alpen staunt field über die unablässig sich wandelnden wolkenformatio-

nen: hier, unerwartet, ausblicke freigebend, dort plötzlich bedrohlich verhüllend, eine sich unentwegt mo-
delnde masse, quellig-opak, als rauch aufsteigend, sich zu
säulen klumpend, umeinander quirlend und brodelnd,
an den graten entlang jagend, sich zu düsterkompakten
wänden verdichtend. gelbe sonnenflecken huschen über
die almen; weißglosende lichtdurchschüsse peilen das
gesimse an; fahles wolkengrau intensiviert das blau und
violett der spärlichen blüten: insofern unterscheidet sich
der bergfels nicht von der umschäumten meeresklippe
oder von einem liebenden herz in wechselvollen ge-
schicken

wir waren frühmorgens bei schönstem wetter von ürisch-
weil aufgebrochen. nur im talhintergrunde, über dem piz
bernina, hatte sich schon tags zuvor das bekannte föhn-
gewölk, die föhnmauer gezeigt, und man prophezeite uns
baldigen umschlag der witterung. dieser kam denn auch
in der nacht vom 15. auf den 16. oktober. der südwind
steigerte sich zum sturm, wie ich ihn noch nie erlebt zu
haben glaube. trotzdem verbrachten wir eine gute nacht.
am 16. oktober regnete es bei schwachem südwind den
ganzen tag, wodurch unsere pläne für bergbesteigungen
vereitelt wurden. gegen abend schlug der südwind in rei-
nen nordwind um, die temperatur sank rasch, und um 7
uhr begann es zu schneien, zuerst gelinde, dann ausgie-
big, so daß gegen 8 uhr der ganze kessel von pfunten in
eine schneelandschaft verwandelt war. am nächsten
morgen lag in der umgebung der hütte 30, weiterhin 40
bis 50 cm tiefer schnee. wir saßen des abends friedlich in

der warmen hütte, mit der durchmusterung der hütten-
bibliothek beschäftigt. in der ferne hörte man den schwachen donner eines von nordwesten heranziehenden
gewitters. nach der zeit zwischen blitz und donner schätzten wir die entfernung auf etwa 6 bairische meilen. etwa
nach 8 uhr trat ich vor die hütte hinaus, um nach dem
wetter zu sehen. als ich in die nähe eines etwa 2 meter
hohen felsblockes kam, der isoliert ungefähr 10 m süd-
lich der hütte steht (die sog. fahnenburg), flammte plötzlich ein intensiver rötlicher flächenblitz auf; es schien
mir, als sei ich rings von feuer umgeben, das meinem
gesicht entströmte. erschrocken kehrte ich mich um, der
hütte zu, da sah ich zu meinem erstaunen deren dachfirst
und kamin in bläulichem lichte erstrahlen. ich rief meine gefährten, und wir bewunderten das ungewohnte
schauspiel trotz des schnees, der in großen flocken bei
schwachem nordwind um uns her wirbelte. die temperatur war auf $-0,5\,°$ C gesunken. die wolken hingen tief
herab, so daß die umliegenden höhen bedeckt waren; es
herrschte ziemlich tiefe finsternis. um so schöner strahlte
das elmsfeuer auf der hütte. der ganze first war mit bläu-
lich-weißen lichtbüscheln besetzt, die sich an den beiden giebelecken zu weißlichen, starkleuchtenden strah-
lenbündeln vereinigten und an den giebelkanten abwärts schwächer wurden. das hüttendach besteht aus
holzschindeln, die mit eisernen nägeln befestigt sind. es
trägt keinen blitzableiter. auf dem kaminrohr aus eisen-
blech, das den dachfirst etwas überragt, befand sich eine
krone von einzelnen lichtbüscheln, deren länge wir über-
einstimmend auf etwa 20 cm schätzten. das phänomen

war von einem schwachen zischen begleitet, etwa so stark, wie man beim gewöhnlichen sprechen den buchstaben ›S‹ ausspricht. von zeit zu zeit flammte ein rötlicher blitz auf, ohne sichtbare blitzbahn, fast unmittelbar gefolgt von schwachem, rollendem donner. dann erlosch momentan das elmsfeuer wie auch das zischen, aber nur, um wenige sekunden später wieder aufzulodern, zuerst schwach, dann bis zur vorherigen stärke. wenn wir die hände erhoben, strahlten auch aus den fingerspitzen blaue lichtbüschel, genau den positiven büschelentladungen einer influenzmaschine gleichend. nach vorheriger benetzung der finger zeigten sich bei den meisten von uns diese büschel auf allen fünf fingern, zeitweilig mehrere zentimeter lang. auch an meiner wollmütze traten kleine lichtpunkte auf, ebenso an den haaren und namentlich an den spitzen des wohlgepflegten backenbartes eines meiner gefährten. am stärksten trat aber das elmsfeuer auf an der eisenspitze eines gletscherpickels, den ich in die höhe hielt. auffallend war, daß an den felsblöcken am boden, selbst an der obengenannten, 2 m hohen fahnenburg keinerlei leuchten wahrnehmbar war. lange zeit vergnügten wir uns mit dem betrachten und hervorrufen dieses schauspiels, das keinerlei beängstigendes gefühl erweckte, offenbar, weil die zeitweise auftretenden donnerschläge nur schwach waren. auch meine frau, die sich in unserer gesellschaft befand, ängstigte sich gar nicht. da die erscheinungen unverändert anhielten, zogen wir uns schließlich in die warme hütte zurück, das geschehene lebhaft besprechend. ich machte genaue notizen und trat von zeit zu zeit wieder hinaus, um das geschriebene zu kontrollieren. als wir uns nach 10 uhr zur ruhe legten, dauerte das elmsfeuer ungeschwächt fort; man hörte in der nähe des eisernen kaminrohres im innern der hütte immer noch das zischen der oben ausströmenden elektrizität. ich vermute, daß es noch lange angedauert hat, während ich fest schlief. *naturwissenschaftlicher verein winterthur, 1834*

elmsfeuer bei horaz und lukian mit sternen verglichen: den dioskuren zugeordnet, deren schwester helena. also stern der helena bzw. helenas feuer — oder doch nicht sankt elmo (siehe columbus) sondern sankt hermo hermes der geboren in der höhle der kyllene, der wolkenhöhle, *siehe scheuchzer, physica sacra*

im november 1832 überqueren john field und leon charpentier den simplon-paß. die strapazen und unwirtlichkeiten solcher paßüberquerung lese man bei charles dickens nach, der 10 jahre später über den simplon reisen wird. die paßhöhe liegt in dichten wolken: ein gefrierender dunst, der sich auf der schweizer postchaise sofort in eiskristallen niederschlägt. die wegmarkierungen, nur vom kutscher auszumachen, liegen unter neuschnee begraben. an fenstern und trittbrettern, auf zaumzeug und kutscherdecke klebt rauhreif. fields ankunft in mailand wird für den 16.11. erwartet.

ein konzert zu geben heißt für den reisenden virtuosen: einen saal zu mieten; ein brauchbares fortepiano aufzutreiben, in den saal transportieren und stimmen zu lassen

und den stimmer zu entlohnen, ggf. eine kleine armee
orchestermusiker auszuheben und mit ihnen zu üben sowie zuvor stimmen kopieren zu lassen und den kopisten
zu bezahlen; annoncen, anschlagzettel und entreebillets
drucken und vertreiben zu lassen und den drucker zu
bezahlen; sich um heizung und beleuchtung des saales
und die eigene coiffure und garderobe zu sorgen; zu üben

buchwalder, ein graubündner ingenieur, hatte ein geo-
dätisches signal auf der spitze des säntis im kanton ap-
penzell in 2504 m oberhalb des meeresniveaus aufge-
stellt. den 5. juli 1833 war — sagt buchwalder — der
berg von wolken bedeckt, der wind sehr heftig; um 6 uhr
begann der regen, und der donner widerhallte in der ferne. hagel fiel in solcher menge, daß er in wenigen augenblicken den säntis mit einer 4 cm dicken eisschicht
bedeckte. um 8 uhr 15 minuten grollte der donner von
neuem und sein gebrüll, welches immer näher kam, war
ohne unterbrechung bis 10 uhr hörbar. ich ging weg, um
den himmel zu erforschen und die tiefe des schnees einige schritte von dem zelte zu messen. kaum hatte ich diese
messung vorgenommen, als der blitz mit wut aufleuchte-
te und mich und meinen gehülfen zum rückzuge in mein
zelt zwang. dann umhüllte den säntis eine dicke und wie
die nacht schwarze wolke; der regen und der hagel fielen
in gießbächen; der wind blies rasend; die nahen und ineinander vermengten blitze ähnelten einem brande; der
donner mischte darein seine überstürzten schläge. ich
fühlte, daß wir im mittelpunkte des gewitters uns befan-
den. mein gehülfe konnte sich einer schreckensbewe-

gung nicht erwehren, und er fragte mich, ob wir keine gefahr liefen. ich beruhigte ihn, indem ich ihm erzählte, daß zur zeit, als biot und arago ihre geodätischen beobachtungen in spanien machten, der blitz auf ihr zelt gefallen sei, aber nur ihre kleider gestreift habe, ohne sie selbst zu berühren. ich war in der tat ruhig; denn gewöhnt an das grollen des donners, studierte ich noch, wann er mich womöglich näher bedrohte. in diesem augenblicke erschien eine feuerkugel zu den füßen meines genossen, und ich fühlte mich am linken schenkel von einer heftigen bewegung, die ein elektrischer stoß war, getroffen. er hatte ein klägliches geschrei ausgestoßen: *ach, mein Gott!* ich wendete mich gegen ihn und sah auf seinem antlitze die wirkung des blitzschlages. die linke seite seines gesichtes war von braunen und roten flekken durchfurcht. seine augen, seine augenwimpern, seine augenbrauen waren gekräuselt und versengt; die lippen und nasenlöcher waren braun-violett; seine brust schien sich noch für augenblicke zu heben; aber bald hörte das atemgeräusch auf. ich rief ihn an, er antwortete mir nicht. sein rechtes auge war offen und glänzend; es schien mir, daß aus demselben noch ein strahl des bewußtseins ging; aber das linke auge war geschlossen, und als ich das augenlid erhob, sah ich, daß das auge getrübt war. ich nahm indes an, daß er auf der rechten seite sehend bliebe, denn als ich versuchte, das auge dieser seite zu schließen, ein versuch, welcher dreimal von mir wiederholt wurde, öffnete es sich wieder und schien belebt. ich legte die hand auf das herz, es schlug nicht mehr; ich stach seine gliedmaßen, den körper, die lippen mit einem zirkel, alles war unbeweglich, er war tot. der physische schmerz entriß mich dieser unglückseligen betrachtung. mein linker schenkel war gelähmt, und ich fühlte ein außergewöhnliches zittern. andererseits erfuhr ich ein allgemeines beben, eine beklemmung und unregelmäßige herzschläge. ich erreichte mit der größten mühe das dorf st. johann. die instrumente waren in gleicher weise vom blitze zerschlagen. *st. gallener anzeiger,* *10.7.1833*

»wo sind wir, leon?«

»auf dem simplonpaß, vater. die achte serpentine hinauf.«

»habe ich lange geschlafen? zieh mir bitte die decke höher. ich friere so.«

»du hast fieber, vater.«

»wie weit noch bis mailand?«

»was flüsterst du?«

»una sera una serata milanese alles motta von mussolini das sind mussolinis elephanten im eis schau auf flauen storchelbeinen war das lawinengewölle oder was schluchzt da der gondolier hörst du das echo an der wand jau und der richard da wippt doch der richard wagner in einer gondel nein einer sänfte über den malojapaß von flüelen weht es kühl herüber in der früh nicht wahr das sind hannibals elephanten mit einem bernhardinerfäßchen um, jetzt einen schluck canzone oder frottola verdammtes scheißgerüttel nimmt das denn nie ein ende mit den serpentinen oder doch nicht wagner da im sessellift aber doch richard ja natürlich richard strauss mit

gamsbart und in lederhose auf der alm es schneit so sacht
und wieso entsichern die carabinieri ihre pistolen das
tropfen hörst du's nicht das tropfen die elegie für junge
liebende und hach da schlendert er der signor inglese mit
sakko und breeches und perspektiv vor dem auge drei
alpinisten im okular hängen da guck mal verloren im
steilwandbiwak quatsch signor inglese da marschiert
einer da spaziert gereckten kinns mit blitzender brille
einer durch die dolomiten könnte mahler sein jau und
jetzt aber fort den rasselnden trott los schwager kronos
talwärts mit karacho aber in aosta hören wir die nachti-
gall wie? berge wie wolken nur ganz fern her —«
»hör auf, vater. sei jetzt ruhig. du bist krank.«

Italien, Wien und Leipzig 1833–1835

rückspultaste 1:

»du bist krank. sei ruhig jetzt, vater. hör auf.«

»— nur ganz fern her wolken wie berge, die nachti-
gall, wie? hören wir in aosta den kapuzinerchor das acht-
stimmige nee vierundsechzigstimmige cosa nostra von
padre sammartini dümpelt im sonnenglast vor der gefan-
geneninsel sind das nicht maschinengewehre vom vetter
aus amerika unterm melonenkarren geschmuggelt oder
doch staub und kakteen ich weiß nicht schau blütenpol-
len aus agrigent und konterbanditen, garibaldi gelati in
handschellen hörst du wie die kinder rufen paolo, eccola,
im singenden flirrenden zikadenmittag versengt trocknet
salzgetuckert im langustenboot vorbei, zur hure messina
ich protestiere, ja, ich protestiere feierlich gegen den un-
fung dieses erdbebens dahin dahin wo die zitronen du
aber in catania faulen am pier die fische auf der mole ce-
falù und polyphem und disteln gerupft von selinunts dür-
stenden eseln so einer wie vivaldi der den fanciullette im
waisenhaus was vorfiedelt sind ja alle pervers die welschen gesualdo vergiftet seine frau und komponiert ihr
dann ein madrigalbuch hach sieh nur die apulische ta-

rantel hinterm duschbecken quatsch das ist ein brunnen-
becken steingefasst daran mignon mit der laute, na so
ein taugenichts wie ruft das posthorn, fort den rasselnden trott? —«

»was flüsterst du?«

»bis mailand wie weit noch?«

»vater, du hast fieber.«

»ich friere so. zieh mir bitte die decke höher. habe ich
lange geschlafen?«

»das war der simplon-paß, vater. nur eine serpentine
noch hinab.«

»leon, wo sind wir?«

… aufflackernde flämmchen, vermischt mit kleinen,
gelblichen kugeln. diese letzteren, anscheinend an
einem seil oder draht dahinlaufend, näherten sich ge-
genseitig, bildeten zusammenstoßend eine größere licht-
masse und fielen endlich explodierend, ähnlich einer
sternchenrakete, in rötlichen und blauen kugeln schlän-
gelnd zu boden nieder. auf dem gleichen bergkamme
schwebte eine einzelne feurige kugel, von der scheinba-
ren größe einer bombe oder eines kleinen mondes, in fla-
chem, parabolischem bogen hin und her, etwa mit der
geschwindigkeit eines geworfenen balles. ein neues
schauspiel wurde uns zuteil: das kabel, soweit es von
unserem standpunkte auf dem firn unseren augen er-
reichbar war, d. h. bis zur vierten oder fünften stange von
der meteorologischen station weg, stand im intensivsten
lichte. und zwar nicht, wie man erwarten sollte, bloß der
draht, sondern auch der zwischen demselben und dem

erdboden sich befindende leere raum war mit einer glut-
masse ausgefüllt, die sich unseren blicken flächenweise
in den verschiedensten formen darbot. gleich einer im
freien aufgehängten wäsche, wo leintücher, hemden,
jacken usw. friedlich nebeneinander flattern, so waren
zwischen je zwei stangen vier bis fünf feurige flächen aus-
gespannt, nach unten hin zerschlitzt und zerfetzt, schein-
bar mit bläulichem saume sich wellenförmig bewegend.
plötzlich fiel die ganze herrlichkeit zu boden. das kabel
war von der enormen glut geschmolzen, die leitung bis
zur 15. stange hinunter zerstört. auf der erde, wo die
drähte lagen, schien es wie von flüssigem metall zu bro-
deln und zu zischen. aber auf der netzhaut unserer augen
blieb der reflex jener leuchtenden flächen haften, verwandelte sich allmählich in grauweiß und endlich in ein
tiefes blau. *vincentini, vol. 2, p. 67*

die einmalig aufleuchtende evidenz einer musikalischen
gestalt als epiphanie, wo gibt es heute noch elmsfeuer
oder kugelblitze?

das mailänder journal *il barbiere di siviglia* meldet fields
ankunft am 16. november 1833. field konzertiert am
18.11. mit dem englischen harfenist parish-alvars. gemeinsam geben sie in der *sala di ridotto* an der *scala* ein
zweites konzert am 29.11., und am 2.12. ebenda ein
drittes zugunsten des *pio istituto teatrale*. was dem kritiker
des *barbiere* entgeht: field hat depressionen. er leidet
schmerzen.

paganinis spiel geht mir durch jede pore meiner haut so daß ich fast wahnsinnig werde: ich schluchze — ich heule: »heil dem genie!«. dann flüst're ich, *sotto voce*, daß es keiner hört: »oh ihr armseligen drouet, romberg, field: mich verhext ihr nicht, meine seele durchdringt ihr nicht; ihr glaubt, ihr könntet mit eurer mechanischen geläufigkeit aufsehen erregen — ihr vermeinet der musik einen altar zu errichten — statt dessen bettet ihr sie nur in eine großartige gruft.« *il barbiere di siviglia, milano*

lehmgelb auf staubiger ebene das haus mit kakteen einem zaun davor schattenlos ockerfarben die campagna-skizze die wasserfälle von terni das papiermühlental von amalfi oder ein verfallener aquädukt der schäfer in schattiger rast an der alten via appia und darüber indigo, breite tintigviolette cumulusfahnen mit orangenen cirrusbüscheln, *siehe blechen et al.*

um sich erneut von dr. dupuytren behandeln zu lassen, reist field nach florenz. aber dupuytren ist, nachdem er einen schlagfluß erlitten, selber krank und kann nur wenig ausrichten. field und leon fahren nach genua weiter, wo sie sich nach neapel einschiffen.

john field, inglese, gentiluomo, arrivato il 27 marzo a genova, e stato obbligato a dar garanzia; dimora per diporto; domiciliato in strada medina 72, con un figlio. *polizeiregister, napoli 1834*

116

geöffnet: das schmale balkonfenster, dünne mullgardi-
nen wehen sacht im luftzug, castel d'ovo und vesuv in
der ferne, von der straße herauf getöse. und über die
ganze attische bläue des himmels so weit ach so weit die
prozession der wolkenschäfchen, eins nach dem andern,
in friedlichem zug hoch über dem tyrrenischen meer.
aber für den kranken ist keine freude dabei. hinter einem
anderen geöffneten balkonfenster wird ein neapolitani-
scher sextakkord angeschlagen die kl. obersexte der moll-
subdominante, *siehe c. c. dahl et a. scarlatti*

vieni, vieni, non tardate! si, auch Sie, der härr mit dem
schwalbenschwanz und den brustkoteletten, gente aiuto,
aiuto! anche lei, meine kleine madonna im blauen
herbstkleid, come sei bella, venite e aspettate a me. pre-
sentiamo a lei eine wundärrschöne auktion, tutte mera-
vigliose aus unserm *ospedale*, göttlich anzuschaun das
zubrot unsern massen, cosi-cosi eilfertig gezeigt, allora
sentite: unsere värrsteigerung dient beneficio pubblico,
und unser dottore bartolo (*stelzt hager, langschnäblig, com-
mediantisch dell'arte in schwarzer choleramaske mit wedeln-
den armen übers podium, verneigt sich stumm*) wird Ihnen
ostentieren — no, keine tinktur gegen hühneraugen,
kein wässärrchen gegen haarausfall, sondern eccola: ein
stethoskop, die membran im messingnapf aus ziegen-
haut, die schläuche aus guttapercha, zum auskultieren
von herz und lunge: Sie, bella bruna, sind Sie verliebt?
dann horchen Sie auf Ihr herz, wie es schlägt, pocht es
denn überhaupt, cosi? cosi? aber gar nicht, che bestia!
zum ersten — zum zweiten — und — —:!:— zum drit-

ten. und was hat unser jünger äskulaps denn hier? aha, einen chloroform-narkoseapparat, molto elegante, treten Sie näher härrschaften, belle donne di napoli, vorrei raccomandare questa macchina eccelente a lei: betäuben Sie sich Ihren schmerz, ah o numi, quel dolor in questo seno, einschlummern werden Sie und afrodite wird Ihren sinn nicht länger mehr betrüben. und dieser miraculöse verband zur hasenschartenoperation, für den modischen härrn hier vorn, si? zum ersten — zum zweiten — und — —:!:— zum dritten. und nun das soggetto assoluto unseres ospedale: ein harnröhrenkatheter, mit dem contessa vincentini dreißig jahre gelebt und gelitten, ohimè, vorrei pianger. ein favorables modell, ein bombastisches artefakt, fabbricato a bologna, vielleicht für Sie, signora? oder für den ehrwürdigen vecchio in der letzten reihe links? dottore bartolo, demonstrieren Sie dieser graviden schönen dort die kopfzange aus feinem silber, sie könnte bei der entbindung ihrer piccola mostrosità noch eine nicht ganz unwürdige rolle spielen! ehi, gente: caffé, sorbetti, cioccolata, confetti! und dieser gespitzte dorn, damit stechen wir, heissa, den grünen star, oh ihr blinden geblendet von cupidos list! e questo pietro mesmerico: er magnetisiert Ihnen im fluge die seele aus dem liebesgeschundenen leib (*singt:*) »wenn mesmer kömmt, zeucht amor hin«, greifen Sie zu: zum ersten — zum zweiten — und — —:!:— zum dritten. bah, populo di bella napoli, quel' stupidezza, oh pazzia, das wunder des san elmo ist viel zu teuer für euch — was euch ziemt, sind die ärrungenschaften für unser geliebtes patientengut, für unser hochverehrtes krankenmaterial: eiskalte sturzbäder, her-

umschleudern im drehstuhl, in ketten schließen oder in
'nen sack, an den zwangsstuhl fesseln oder in die zwangs-
jacke — cos'è questo strepito? si, si, mi batt' il cuore,
m'uccide l'amor, ahimè! allora: gärrn lassen wir Sie in
unserm ospedale auch zur ader, mit diesem schnepper aus
tarent, so lange bis Sie bleichsüchtig wie luna lustwan-
deln unter mönchen in weißen kapuzinen, unser con-
vent verpasst Ihnen auch gern, ach so gärrn! eine
schwitzkur gegen die lustseuche — aspettate, wie doktor
bartolo in diesem prächtigen mörser das guajakholz zer-
stösselt für Ihre syphilis (*singt:*) »doktor sperrt das tor
dem tod — note hilft auch aus der not«, si, das ist beste
salernitanische heilkunst, un giardino pomposo der hip-
pokratischen leidenschaft, sol' io son' innocente, eccola:
nettuno galathea anfitrite auf prustenden wogen des
mare tyrreno — gestösseltes muschelhorn, kuriert's bei
laulichter liebe? vorrei fuggir, ha birbante! son perduto!
io moro! la! qui! ja quälen Sie nur Ihren amante, bella
signorina, hier ein klistier für Sie aus messing und rauch-
glas aus venezia, stoßen Sie's ihm ins herz und er wird
sich durch die augen entleeren bis er alle ist, fix und alle.
zum ersten — zum zweiten — und — —:!:— zum dritten. *applaudite, amici, commedia finita est.* andiamo.

das begehren im pianistischen zugriff, die vivisektion
eines hammerklaviers, zum verhältnis von eros und anatomie

neapel, kapitale des königreichs beider sizilien, ist bereits
im frühen 19. jahrhundert eine vom capo posilippo bis

castellamare übervölkerte, pittoreske, ebenso schöne wie schockierende stadt, in der luxus und elend, schmutz und kultiviertheit eng beieinander liegen. field wird hier so krank, daß er sich für neun monate in ein öffentliches spital begeben und mehrere operationen über sich ergehen lassen muß. das krankenhaus heißt *ospedale san elmo*; behandelnder arzt ist dr. abdul mahmed, ein ägypter.

schon während unseres kameelrittes von kairo zur pyramide erhob sich ein außergewöhnlich kalter wüstenwind, der von einer eigentümlichen, rötlichen färbung des horizontes begleitet war. während unseres aufstieges oder vielmehr unseres transportes durch die araber, die stets bei den gizeh-pyramiden lagern und es sich nicht nicht nehmen lassen, die besucher derselben auf die über ein meter hohen stufen hinaufzuheben oder besser hinaufzuwerfen, nahm der wind eine sturmartige stärke an, so daß es einigermaßen schwer fiel, sich auf der abgeplatteten spitze der pyramide aufrecht zu halten. der wüstenstaub war dabei so stark geworden, daß er als weißer nebel erschien und uns den anblick des erdbodens gänzlich entzog. er stieg allmählich immer höher empor und hüllte nach einiger zeit die spitze ein, auf der ich mich mit meinen zehn ingenieuren befand. dabei hörte man ein merkwürdiges, zischendes geräusch, welches keine folge des windes selbst sein konnte. einer der araber machte mich darauf aufmerksam, daß beim aufheben seines ausgestreckten fingers über seinen kopf ein scharfer, singender ton entstand, der aufhörte, sobald er die hand senkte. ich fand dies bestätigt, als ich selbst einen finger über meinen kopf emporhob; zugleich verspürte ich im finger eine prickelnde empfindung. daß es sich hierbei um eine elektrische erscheinung handelte, ergab sich daraus, daß man einen gelinden elektrischen schlag bekam, wenn man aus einer weinflasche zu trinken versuchte. durch umhüllung mit feuchtem papier verwandelte ich eine solche, noch gefüllte flasche mit einem metallisch belegtem kopfe in eine leydener flasche, die stark geladen wurde, wenn man sie hoch über den kopf hielt. man konnte dann aus ihr laut klatschende funken von etwa 1 cm schlagweite ziehen. dies bestätigte die von reisenden schon früher beobachteten elektrischen eigenschaften des wüstenwindes in ganz unzweifelhafter weise. *werner siemens*

gerüchte von fields krankheit gelangen über die russische botschaft nach moskau, wo graf wielhorsky im juli 1835 ein benefizkonzert veranstaltet, dessen einnahmen vom botschaftangestellten matuschewitsch auf schnellstem wege nach neapel transferiert werden.

im jahr 1835 zieht mit reicher *retinue* durch italien, von der presse jeweils angekündigt, eine vornehme reisegesellschaft: graf rachmanow, geheimer staatsrath, mit seiner gattin, geb. fürstin galitzin, zwei söhnen, dienern und zahlreicher equipage. in neapel erfährt die gräfin von fields bedürftigkeit und läßt ihm das anerbieten ausrichten, ihn und leon in einem ihrer großen berliner reisewagen mit nach rußland zu nehmen. doch zuvor lädt sie den komponisten für einige wochen zur erholung nach ischia

ein. man hofft, daß die thermalbäder der insel ihm wohl-
taten.

zum schellen des tambourin den saltarello getanzt am
ufer von fischern in roten samtwesten kniebundhosen
bezipfelten mützen, frauen balancieren irdene krüge auf
dem kopf, boote an land gezogen und vertäut, einer gießt
sich aus einer schnabelbouteille wein in den schlund, am
meer weißgekalkte häuser mit bougainvillea und olean-
der. auf der horizontlinie des wassers eine wolke hingela-
gert wie eine sphynx, unbeweglich und grau. rudert man
näher — blitzende sonnenreflexe blinken beim eintau-
chen der ruderblätter — wird die wolke größer, verändert aber weder form noch lage. schließlich erkennt
man, daß die wolke aus kalkstein ist und bewachsen: die
insel capri, *siehe l. richter*

einen ersten längeren aufenthalt nimmt die rachmanow-
reisegesellschaft in wien. für konzerte fields ist dort
schon alles im voraus organisiert worden. das erste findet
am 8. august mit triumphalem erfolg statt. auch die wiener *zeitschrift für kunst, literatur und mode* äußert sich en-
thusiastisch. gleichwohl ist unüberhörbar, daß field ein
todgeweihter kranker ist: nach dem konzert am 11.8.
liest man über »das unbehagen des künstlers, das seinem
physischen schmerz zuzuschreiben (…) er schien ver-
drossen und (…) gleichsam ungeduldig, wodurch sein
spiel um einen theil (…) seiner sonst sicheren wirkung
gebracht wurde«. das dritte konzert findet am 13.8. statt,
u. a. mit fields 14. nocturne in C, das laut aloys fuchs

dem sammler, einer notiz auf dem autograph zufolge, »im gasthof *Bei den drei Kronen auf der Wieden* im monat august 1835« geschrieben wurde.

field spielt / schön. man muß ihn *bethoven* / spielen hören, welches / eine einzige freude. *field* ist ein sehr / guter mensch, und / sein größter vereh- / rer. ausser ihm habe ich / noch keine‹n› solche / behandlung des instru- / mentes gehört. *scheisdreck* / ist alles gegen *field.   beethoven, konversationshefte*

fesch schaunS aus, flotzinger, des muß Ihnen der neid lassen! i tu mi net gern von meine oidn sachn trennen, aber wann i mein faktotum glücklich seh, bin i's aa. nur warum schlottert eana das jabot so um den dürren wanst? Sie müssen essen, flotzinger. essen müssen Sie, schaunS mi an, i bin an stoaker esser, bei mir schlottert nix.

wenn ich — herr hofrath — vielleicht — eine kleine — gehaltsaufbess-

gehnS, Sie werden ma doch net auf Ihre oidn tage noch sozialist? sagenS lieber der pepi, sie soll uns an mokka bringen, und an topfnstrudl gleich dazu.

so, und jetzan klimpernS ma was auf dem flügel den was i neu kauft hab, hat mi a schens stangerl göid gekost, dafür möcht i auch was hörn. nun sanS net wieder schenant, scheniern tu i mi schon söiber.

franz schubert: moments musicaux?

immer diese welschen bezächnungen. könnens net deutsch redn, die herren musitschi? no, alstern, spuinS zu.

hoit! zu schnell! servas naa, bringenS mi net aus der fasson, des macht mich ganz konfus, nochamal retour.

halt, senganS, wos spuinS daderweil? einen »musikalischen momang«, einen augenblick, jo, jo, und was haaßt des? i moan, fallt eana nicht auf, daß das an widerspruch is: sonst tut sich musik doch eigentlich in d' zäht verströmen, wohingegen an augenblick is ein momenterl, etwas angehaltenes: ein erinnern, ein eingedenken, verstehnS mi? naa, er versteht mi net, i tu Ihnen ein exempl gebm. alstern. als Ihre mizzi noch glebt hat, da wars lebendig, is gangen, hat gegessen, hat gschissen, war in der zeit drinnen, i mahn war söiber ein stück zäht, wenn auch nur für 37 jahr lang, nu ja. das war bewegung, an foatgang mit anfang und end, ein stückerl musik quasi. und nun liegts in meidling auf'm friedhof, nix rührt sich mehr, is hin und weg. und was bleibt eana? je nun, die erinnrung! aber, flotzinger, nu plaazenS net, schaunS mi an, i plaaz aa net.

die erinnrung: des san bilder, lauter büldln die Ihnen das ghirn gmaln hot. des is kaa zeit net, des san quasi nur flächen, des is etwas erstarrtes, ausgschnittn aus'm fluß der zäht. und nun schaunS sich an, was der schwammerl komponiert hat: ist das ein dialog, ein prozeß, hat das a finalität, etwas zielgrichtetes? naa, es is oanfach da, kreist um sich selbst, wandert auf der stell im kräs herum. bei aller wärme und innigkeit is es quasi zugfrorn, wie ein kristall oder gedicht, sapperlot wo bleibt denn die pepi? und jetzan sog i eana ein geheimnis, flotzinger: alle musik, jo die ganzerne historie der musik hat sich aus diesem widerstreit geformt: *es möchte dauern, es is doch so schön*

— aber der schall is nun einmal zeit, da kamma nix
mochn, das muß foat und immer wäter, und so isses denn
ja auch gschehn, daß alle elemente der musik, die akkorde, die instrumenterln, die stimmführung, die formen et-
cetera unablässig in bewegung san, sich ausdifferenziert
ham durch widersprüch hindurch, wissenS, alle teile fliegen auseinand und —

wünschen der herr baron den mokka im salon serviert?

s'is gut, stellenS das tablett aufs rauchtischchen, pepi.
uijuijui, der topfnstrudl! jo, der is formidabel sehr. was
krääschts denn? blaade urschl! nur weil i s' in d' waderln
gezwickt hab und in iarenen kakadu, tut sich das kuchelmensch echauffiern, impertinente person! aussischmeis-
sen laß i s' aus'm logis! schläch di! servas, bin i heut wieder geil. alstern, wo war i stehnbliebm?

alle teile fliegen auseinander und —

adaschauria, der flotzinger: so verkoikt is er noch goa-
net wiari immer dacht hob. möchtenS auch an stückl?
Sie müssen essen, flotzinger. es san aber nur zwaa da, die
brauch i schon söiber. aber was i gmoant hab: die musik
hat ihr eigenes gdächtnis: justament da, wo sie am meisten dynamisiert worden is, stägt die erinnerung hervor
an das, was ihr verlorengangen is: *der beseelte augenblick,
das innehalten.* denkanS amol an die neunte simphonie
vom beethofen, zwoater satz, das menuetterl —

herr hofrath meinen das scherzo?

jojo, im trio: über einem orgelpunkt hörner und in ge-
genbewegung stakkatiert die streicher, wie das so traum-
schön den atem anhält. oder denkanS an d' oper: in jeder oper gibt es so einen momang musikoh, wo die ganze

bagasch gemütlich beisammensteht und sich an den augenblick verliert: »mir ist so wunderbar« im fidelio oder die aria der susannerl im figaro vorm letzten final, oder wenn die agathe im freischütz auf den balkon hinaustritt, kennanS des, naa, sicher net, Sie gehn ja eh lieber in den heurigenstadl als in d' oper. so, und nun gräfenS sich dort vom stapl auf dem fauteuil, ja do, akkurat, das heft mit den mockturteln, ah was red i, nokturnerln —

von john field. ja bitte, herr hofrath?

— und verglächenS mit der musik vom schwammerl, die was wir eben hatten. welche gattungsbezächnung fällt eana da ein?

lyrisches klavierstück, euer gnaden?

gehst denn net! akkurat, flotzinger. und da Sie heut ausnahmsweis einmal etwas zu wissen scheinen, senganS mi auch gleich, wo das angfangen hat? gell, das wissenS net. überlengS amol: einsätzig. einheitlicher bewegungsverlauf. kaum kontraste, beim field goakeine. etwas besinnliches, beschauliches das sich net motivisch entwickkelt sondern nur harmonisch moduliert. kein *Wollen*, sondern ein *Sein* ...... na?

die esercizi par gravicembalo von domenico scarlatti?

foisch! ganz foisch, flotzinger, setzen! der scarlatti operiert schon fast immer mit thematischen kontrastpaaren. nein, ganz simpl, i verrat's eana: es san die präludien und toccaten von bach und buxtehude und pachelbel, stockledernes grafflwerk, aber, no ja, damit fangts hoit an, denkenS an das stückl ex C mit dem das wohltemperierte clavier anhebt: arabesken, akkordische ausfaltungen in der fläche, im tableau. alstern fangenS nochamal an.

mit verlaub, ich hörte, daß monsieur field wieder in wien weilen soll; er will eine akademie geben. soll ich herrn hofrath wieder zwei eintrittskarten acquirieren?

so, so. der field wieder in wean. da schauts her. ssa, ssa, i dacht der läg aa schon in der gruben wie Ihre mizzi. schau, schau. je nun. ach wissenS, naa! des is mir jetz z'fad. dies mondscheingeklimper, naa. des würd mich doch nur ennuyiern. i fühl mi noch z'jung für des oide glump. wissenS wos, flotzinger, gehen *Sie* doch hin! Sie ham doch ihre besten johr aa schon·hinter sich.

field verdient sehr / viel geld durch *lektionen,* / jedoch hat er nie 100 / f, weil er alles in / *champagner* wein / vertrinkt. *beethoven* würde / *field* sehr gerne/ haben, weil er ein wirklicher / *falstaff* ist. *humel* hat mit *field*/ ein *quartres mains* / gespielt, aber sowohl / der nichtkenner als/ keñer hat den merk-/ lichsten unterschied / gefühlt. *field* hat mich sehr auf ihn / erriñert, was das spiel betrifft *beethoven, konversationshefte*

die wetteramtsstation in währing meldet, daß auf dem wege von hütteldorf-hacking nach purkersdorf eine frau vom blitz erschlagen wurde, welche auf dem kopfe einen korb mit blecherner kanne trug. die mutter in ihrer begleitung blieb unversehrt. nach angabe des dr. med. hasenörl, welcher die leiche besichtigt hatte, war durch hineingetriebene teile des korbes ein schädelbruch erfolgt. der oberkörper zeigte streifen, welche mit blut unterlaufen waren. die kleidung war zerrissen, ein rotes um-

schlagtuch zerfetzt und die teile waren weit umherge-
schleudert. durch den überaus heftigen elektrischen
schlag wurden der frau mehrere zähne aus dem munde
herausgebrochen. *wiener echo, 31.8.1835*

zwei wochen hält sich field im wiener hause carl czernys
auf. dort leitet czerny, das »*lebende tintenfaß*« (field), eine
art komponiermanufaktur: was er sich notiert, sind lediglich melodische umrisse; kadenzen und passagenwerk
stapeln sich vielhundertfach in schränken und schubla-
den — czerny kramt das passende hervor und gibt alles
an einen stab von assistenten weiter, die das material
nach seinen vorstellungen arrangieren.

im frühherbst 1835 verlassen die rachmanows mit field
und leon wien, über die reiseroute ist nichts bekannt. sie
mag über prag und warschau geführt haben, und man
kann nicht ausschließen, daß ein zwischenhalt in leipzig
eingelegt wurde. dieser hätte field die möglichkeit gegeben, mit breitkopf & härtel publikationsfragen zu bespre-
chen oder fields fein- und tiefsinnigstem bewunderer in
deutschland, robert schumann, einen besuch abzustat-
ten.

siehe, er kommet mit den wolken   *offenb. joh.*

dürft’ ich, so würde ich ihm einen kranz aus mohnblu-
men und abendviolen aufsetzen, denn er ist der geliebte
der dämmerungsstunde, wenn die sonne hinuntergegan-
gen und das ewige heimweh der seelen erwacht. soll ich

die, die ihn kennen, an die stunden erinnern, wo sie noch länger hörten, als die musik dauerte? wollten sie etwas von diesen neuen gedichten erfahren, soll ich sie wiederholen, was sie schon lange wissen, etwa das uralte lied vom herzen? — — schlage nur eine weltsaite an, und sie schwingt unendlich fort, die minute muß entzückend sein, wo du dir bewußt wirst, daß du eine zuerst berührst — wo du etwas ganz dein eigen nennen kannst — dich als ersten fühlst in der neuen schöpfung und dein werk als erstes geschöpf, das dich nun inbrünstig umarmt und deinen namen trägt. so scheint es, als entschleiere nach und nach der künstler das bild der natur für seine kunst. *field* legt sein opfer *am abend* auf den altar.   *robert schumann, 1835*

gleichwie der blitz ausgehet vom aufgang biß zum niedergang/ also wird auch die zukunfft des menschen sohn seyn, matth. 24.v.27; wann ich mein schwerdt wetzen werde; wie der blitz, deut. 32.v.4; der sentenz der verdammnuß/ welchen er aussprechen wird/ wird eben seyn/ wie der blitz. die erfahrnuß weiset uns/ daß der blitz ein wundersame eigenschafft an sich habe: nemmlich/ daß er ausbricht/ und von dem himmel herab fallt/ er einem edelmann den degen an der seyten verschmältzen werde/ ohne die scheide zu verletzen: er wird die gebein eines menschen zerschmetteren/ ohne dem fleisch den geringsten schaden zu thun; oder man wird einen todten menschen mitten auf dem feld antreffen/ nicht wissen/ wer ihn umbgebracht habe/ einige wunde an ihm äusserlich nicht wahrnemmen/ weil das himmlische

feur ihm die gebein zerschmetteret hat: also zerschmeltzt der blitz bißweilen einem kauffmann das geld in dem beutel / ohne den beutel zu beschädigen. die naturkündiger geben dessen die ursach / und sagen / daß der blitz / oder feurige donnerkeul dise natur habe / daß er jederzeit / was ihm widerstehet / angreiffe / und unbeschädiget lasse / was ihm weichet / und nachgibt. und weil die gebeine des menschen / der degen des soldaten / und das geld des kauffmanns ihm widerstehen / so ergreiffe / und beschädige er sie; und füge entgegen dem fleische / der scheide / und dem beutel / dieweil sie lind und weich seynd / ihm nachgeben / und weichen / kein leyd zu. es hat mit der raach Gottes gleiche beschaffenheit ...
weeg=weiser von jericho nacher jerusalem, leipzig 1731

ein aufenthalt in leipzig hätte field auch gelegenheit geboten, seiner alten liebe zu *bach* mit einem besuch der thomasschule und -kirche neue nahrung zu geben.

o ungemeines heute! o anfang sonder ende, zeit ohne zeit! ihr wohnungen jakobi, geliebte lindenstadt, mein leipziger jerusalem! ei, wie vergnügt ist mir mein sterbekasten: die schulden sind bezahlt, ich bin quittiert und gott teilt mir den groschen aus! hochedler herzog immanuel der frommen —: werdet mich bestens excusiren — es ist meine persuasion, daß ich ein böser adamssamen, ein schwaches rohr des jammerkrug so überfließt, daß mir die thränen von den wangen abwärts rollen, ein laulichter laodizäer, ein sodomsapfel, mit unflath angefüllt, nicht anders kann denn aus dem fenster schauen auf die wolken, indem mein weib mit dem ich verflossenen oktobris zu gotha im Herrn copuliert worden bin, vom schneebedachten holzstoß die scheiter auf den leiterwagen häuft. o hochgelahrter herr, des hochlöblichen collegio mich anjetzt praesentire, werdet gewiß schwerlich praesumiren, daß ich die zinse in meine scheuren bringe, weil meine rechnungen so voll defekte sein, daß ich von trauren alt die ganze nacht in kaltem schweiß und fünsternüssen gelegen, von sündendornen und lasterdisteln gestochen, die kränken mich gleich als ein eiter in gebeinen. allein, die gotteslangmut gehet ja auf einem fuß von blei, dahero bitte um excusion daß sich mein felsenherz so mosis stab nicht kann in manna rühren, die freyheit nimmt, ew. hochwohlgeboren zu incommodiren.

dem sey nun wie ihm wolle — durchs feuer wird das silber rein, ich hab mein haus bestellt, in meines herzens schrein schlägt brünstiglich die andachtsflamme, in meiner herzensstub wohnt jesulein der seelenfreund im kirchengarten, der starke schlangentreter, mein heilschlänglein vor das gift der sünde, des name ihrer schalkheit deckel sey, blutrotes schlangenbild das an dem kreuze Cis erhöhet in der niedrigkeit, die süße wurzel jesse, das A und O, herr gotte zebaoth!

anfangs hatte ja eine favorable educazion beim seel. herrn stiftsprediger & consistorialrath henrico stultero, schien auch denen studiis zu incliniren, doch eine mutation meiner fatorum nötigte mich alsbald, jenam zu verlassen und meine fortun anderweitig zu suchen, meine wenigen meublen dasiges ohrtes bey meinem herrn oncle zu stationiren, und aus dem ägypten dieser welt zu fliehn:

diesem sündenhaus wo sie ihr ottergift versprüzen und racha! racha! schrein, diesem hospital & siechenhaus vor meinen sündenaussatz und der sinnen lustgenieß hinunten in dem schwefelpfuhl. nun ist mein schmaler weg trübsalvoll, ich sag der welt valet, mich ekelt mehr zu leben (ob auch ein lästerhund gleich billt), wälz ab die sündensteine — der leib wird ja der würmen speise. auf ew. hochedlen hochgeneigte recommendation und empfelung an die hausknechtischen verfügte mich sodann zu einem bergichten landstriche zwischen kötzschenrhoda und klein-zoschwitz, um unter ungeschlachten bauren und biederen leuten den alten sauerteig, mein trocken brot im munde herumzuschlagen — sind auch wohl wölfe hier herum. wie ein vogel des stricks kömmt ab, so eile mit beherzten schritten zum grabe; mit petro denke ich an jonam, sprech zu mir »der tod in töpfen!« und mache mir ein kapital das gott mir wiederzalt mit reichen interessen. die welt? —: laß immer murren! sie handelt nur für bauch und mammon, die schwülstige stolze — wer aber nicht gläubet, der ist schon gerichtet.

schlagt, leichenglocken: ich will mit simeon in salems hütten wohnen, mein herz allein sei deine zinsemünze, der alte adam muß in mir verwesen und sein rock voll lasterflecken sei itzund abgetan.

so steh mit weinen ich nur auf, mit weinen leg ich mich zu bette, und an musikalischer inclination soll es mir nicht manquiren, ob gleich die obrigkeit eine wunderliche und der music wenig ergebene aus furcht für denen jüden. so such ich durch ganz gilead und in den hütten kedar nach salems zelt — und find doch nur ein thränenbrot und ein kümpchen mit gebrockter milch am heerd, auf dem ein stück pfannenkuchen stund. es ist auch abend mit uns, und des todes schatten wehet kühl über unsere blüte, man kann noch diese nacht den sarg vor meine thüre stellen — allein, ich gläube, daß dieser hirte doch dem höllenwolf den rachen zuhält und uns in seinen schafstall einführt, wo schon ein osterlamm in heißer lieb gebraten. ja wol, ich sprich ein gläubig abba, und bitte, bis wir einschlafen seliglich: mach's nur mit meinem ende gut! o horn des heils, ich bin ein stummer zacharias, und schreite durch manchen sauren tritt hindurch ins alter, muß auch mein creütz in gedult tragen, indeme doch meine tochter (beileibe keine amusa) nicht schlimm einschlägt und auch mein sohn nunmehro einen andern genus vitae sich erkoren, dieweil sein verstocktes herz gewonnen und zur erkändniß gebracht.

es will so nicht mehr recht mit mir fort; der berg geht unter maibuchen steil auf zur festen burg auf tabors berge, und mein gemüte bräsig und verstockt das reuet mich wie obed edoms, ephraim und dem manasse gleich, derowegen eile zum schluß und grüße dero liebsten ehepfänder, danke auch für höchstdero gnädigstes vertrauen, welches mich causiret, einstweilen bei ew. hochedlen zu logiren. an die jungfrau s. h. — sie hält sehr viel auf mich — geht der bescheid, es gienge nicht an, daß der geheime rath herr magister *** an der brustwassersucht litte: o freund machen Sie anstalt daß der mensch verwahrt wird, ich muß Sie sonst alle vor gottes gericht verklagen! nicht von ohngefähr ist es die sündenwassersucht, so mich armen erdenkloß (voll trauren, was abeln dort betraf) verführt, das wollustsalz aus babels flüssen zu verschlucken. jaja, wenn joab küßt, so muß ein armer abner sterben, was schon iesaias vorhergesehn.

der mensch, des weibes samen, ist kot, ist teufelsbrut, ein rabenaas und sündenkrüppel, ein armer wurm, des glaubens docht glimmt kaum — so bitt ich nur gleich dem bußfertgen zöllner, wie nikodemus in der nacht: wehre doch den rottengeistern, sprich dein hephata, dein schilo, jakobs licht, wasch mich wie stephanum mit deinem todesschweiß, rühr das zungenband und leg den gnadenfinger in die ohren, heil' mit der salb aus gilead (man kann hievon ein schön exempel sehen)! willst du, wie zeboim, wie ephraim ein adama machen, hier unter skorpionen und falschen schlangen, in babels öfen, um mich der bösen rotte zentnerschweres band, ein daniel so unter löwen sitzt, in dieser schwefelhöhle wo mir die zung am gaumen klebt, wo die weisen torheit ausbrüten, im dunkel lauter schalken sitzen und belial in gottes hause selbst (manch teuflisch ungeheuer sieht wie ein engel aus!), in einer welt die wie ein maulwurf wühlt um gelben kot zu finden, den kützel eitler sinnen (was die kirche schmerzlich kränket: der eine wählet dies, der andre das, die törichte vernunft ist ihr kompaß, sie gleichen denen totengräbern, die, ob sie zwar von außen schön, nur stank und moder in sich fassen) — ja, schweig nur, schweig nur, taumelnde vernunft: des teufels liberei!

ich bitte: wollest uns für des türken und des papsts grausamen mord und lästerungen, wüten und toben väterlich behüten, segne kanzel und altar, gib unsern fürsten und aller obrigkeit fried und gut regiment, daß wir

unter ihnen ein geruhiges und stilles leben führen
mögen, in aller ehrbarkeit, und gottseeligkeit. eia, eia.
des klopf ich in die hände. io, io. nun gute nacht, o welt!
ich fahr ins himmelshaus auf des elias wagen, mein ster-
bekissen wird ein kampfplatz sein. und segne die geliebte
lindenstadt, mein leipziger jerusalem, behüte sie vor teu-
rung, pestilenz und krieg. amen.

im gewitter sollen die menschen langsamer gehen; aber
sie thun es eben nicht.   *robert schumann, 27.5.1831*

am 3. september 1835 wurden zwischen kötzschenrhoda
und klein-zoschwitz vier personen, welche beim heu-
machen auf den pleissewiesen vor dem gewitter in einer
scheune schutz suchten, beim eintreten in dieselbe von
einem blitz getroffen. dieser erschien den augenzeugen
als eine vom scheunendach herabrollende feuerkugel,
die alle vier einen augenblick in flammen einhüllte. das
zeug verbrannte den leuten am leibe, so daß die körper
mit brandwunden über und über bedeckt waren. einer
dieser vier personen, namens stulterus, ein mann von
30 jahren, war sofort eine leiche, da der kopf zerschmet-
tert war. ferner wurden zwei brüder getroffen, von denen
der eine, bewußtlos und gelähmt, bald nachher starb,
während der andere, ein handlungsgehülfe aus plauen,
damals 17 jahre alt, sich nach einiger zeit erholte und
später nach amerika auswanderte. »ob es itzt gleich
kracht und blitzt, jesus will mich decken«, soll seine
devise geworden sein.   *zit. nach ernesti, p. 5*

meine itzige station belaufet sich auf etwa 700 reichstha-
ler, und wenn es etwas mehrere, als ordinairement, leichen gibt, so steigen auch nach proportion die acciden-
tia; ist aber eine gesunde lufft, so fallen hingegen auch
solche, wie denn voriges jahr an ordinairen leichen acci-
dentien über 100 rthlr. einbuße gehabt.   *j. s. bach*

kalliwoda, geistreichere behandlung des wetters ge-
sprochen   *schumann, 1830*

im herbst 1835 überquert die rachmanow'sche reisegesellschaft die russische grenze. fields viereinhalbjährige
odyssee durch europa ist zu ende.

und ward aufgehoben zusehends und fuhr auf gen himmel, eine wolke nahm ihn weg vor ihren augen
mark. 16, 19

der mastdarm, *intestinum rectum*, reicht vom endab-
schnitt des colon simoides bis zum after. er geht in der
höhe des promunturium aus jenem hervor. seine länge
beträgt etwa 15–16 cm. der mastdarm stellt einen (im
großen und ganzen) zylindrischen kanal dar, dessen
außenfläche im gegensatz zum colon glatt erscheint und
äußerlich mehr dem dünndarm als dem dickdarm ähnelt.
es rührt das davon her, daß die taeniae coli an der über-
gangsstelle des colon in das rectum sich ausbreiten und
wieder eine kontinuierliche, und zwar eine ziemlich starke längsmuskellage bilden. der kraniale, im kleinen bek-
ken gelegene hauptteil des rectum ist nach vorn konkav
gebogen, *flexura sacralis*; sie liegt der innenfläche des
kreuzbeins auf; der kaudale, kürzere teil legt sich ventral-
wärts konvex um die steißbeinspitze herum, *flexura peri-
nealis*, und durchbohrt die muskulatur des beckenbodens.
die innenfläche des rectum entbehrt im gegensatz zu der
des übrigen dickdarms im allgemeinen der falten. es
kommen jedoch einzelne querfalten der schleimhaut, *pli-
cae transversales recti*, vor. ihre zahl wechselt; eine ziemlich konstante und relativ hohe liegt 8–10 cm oberhalb

des afters. im bereiche dieser verdickt sich die ringmuskulatur des mastdarms (wenig scharf begrenzt) zum sogenannten musculus sphincter ani tertius. analwärts dieser falte liegt ein (nicht immer deutlich) erweiterter teil des mastdarms, die *pars ampullaris recti.* im kaudalsten teil des rectum, der *pars analis,* treten 6–8 längsfalten auf, *columnae rectales* (morgagni) genannt. sie beginnen niedrig, etwa 2–3 cm oberhalb des anus, werden analwärts stärker und enden ziemlich plötzlich in dem *anulus haemorrhoidalis,* einem ringwulst unmittelbar oberhalb der analöffnung, der dem m. sphincter ani externus entspricht. zwischen je zwei columnae rectales findet sich eine entsprechende vertiefung, *sinus rectalis* (morgagni) genannt. columnae wie sinus verstreichen kranialwärts (gegen den kaudalen abschnitt der pars ampullaris hin) allmählich. die mündungen der *glandulae intestinales* der mastdarmschleimhaut sind als feine punkte deutlich mit der lupe erkennbar; auch (vereinzelte) *lymphonoduli solitarii* kommen vor. etwa an dieser stelle wäre das rektalkarzinom zu lokalisieren, das dr. dupuytren 1834 bei john field in florenz diagnostizierte. *sobotta, deskriptive anatomie*

in kiew trennen sich field und leon von der rachmanowschen reisegesellschaft und fahren allein nach moskau weiter. kurz nach ihrer ankunft scheidet leon von seinem vater, um in st. petersburg eine lange, erfolgreiche karriere als opernsänger unter dem namen ›leonow‹ zu beginnen. berlioz hört ihn 1847. adolphe adam stellt um 1850 fest, leonow habe »*absolut keine stimme*«. gegen ende der

50er jahre wird er ein »vortrefflicher schauspieler, aber ohne stimme, tauglich nur fürs komische fach« sein. und so wird leon charpentier sein leben beschließen: als ordentlicher klavierspieler, netter gesellschafter, seinem vater im aussehen ziemlich ähnlich.

adrien field schließt sich nun enger dem vater an. er ist siebzehn, nimmt bei ihm klavierunterricht. aber dieses (familiär heikle) arrangement kommt zu spät. für john field füllt adrien nur die lücke, die leon gerissen hat. später wird adrien sich treiben lassen, er wird alkoholiker werden und sein leben als schlechtbezahlter *tapeur* beschließen: als *mann-am-klavier* in tanzbars, restaurants, öffentlichen ballsälen. sein todesdatum ist nicht bekannt.

in fields letztem nocturne (»*midi*« nr. 18 E-dur) am ende ein 12-uhr-schlag wie in schumanns *papillons:* dort aber in turmuhrhoher dominantlage, hier tonikal zum spieluhrhaften diskantperlengeklingel — bei schumann in den walzer von droben spät hineinläutend, bei field geradtaktig im zentrum eines feinmechanischen gehäuses, abgezirkelt und wehmütig, und ja wie soll ich es nennen mit einem lächeln, das herzbrechend

je älter er wurde, desto abstoßender wurden ihm lärm und unruhe. er liebte die stille. er sprach leise und langsam. er ging allem aus dem wege, was jählings und störend war, so etwas war ihm zuwider. für einen, der über so guten geschmack und so erlesenes raffinement verfügte, war sein spiel von einer *morbidezza* durchweicht, die mit der zeit an retardierung noch zunahm. in seinen letzten lebensjahren überkam ihn eine totale lethargie, von der sämtliche körperlichen aktivitäten befallen wurden. aufstehen, hinsetzen, gehen: alles erschöpfte ihn. manchmal war sogar das leichte gewicht eines spazierstockes zu viel für seine schwache hand: entglitt er auf einem spaziergange seiner hand, dann gebrach's ihm an der nötigen energie ihn aufzuheben — er blieb dann stehen und wartete, bis ein des weges daherkommender ihn für ihn auflas. *franz liszt, aus dem französischen*

john field gibt weiterhin unterricht, und gelegentlich spielt er noch in der öffentlichkeit, wenn auch nur als begleiter in den benefizkonzerten anderer künstler. zum sitzen braucht er ein gummigefülltes spezialkissen aus leder, wie ein schwimmring geformt.

im dezember 1836 herrscht in moskau windiges naßkaltes wetter. field erkältet sich. aus der erkältung wird eine pneumonie.

die revolution beginnt in der kirche: mlle. charpentier schießt einen kugelblitz aus der kanone, der sphärenmusikalisch sacht in compton's vineyard niedergeht. dafür droht lord liddell entweder mit guillotine oder mit klavierhunger bei einzelhaft. dann sezieren die alkoholiker aus bath in der *salle de l'anatomie* den leichnam bachs, dessen lungenflügel sich dabei fächerförmig entspreiten; die zähne werden in alkohol gebaadet und um 18^h mit

der postchaise nach dublin in die golden lane transferiert, wobei der stotternde postillon, kretzschmar oder st.
elmo, an hämorrhoiden in form verzweigter bärlappmoose oder farnkrautstöcke leidet. aus goldenen wolken fällt
dazu schnee, zitternd wie fieber, es kann auch geld sein,
man weiß das nie so genau, es kann sich alles auch unter
anderen namen später wiederholen, das ist ja das prinzip
der schallplatte, nicht wahr, daß die eingeritzten nadel-
kurven ja *lebens*kurven bzw. schicksalslinien in schwarzes
vinyl gepreßt so wie ein leichnam in schwarzen sammt
gebettet, und die hüllenbeschriftung der epitaph des
werkes. es kann sich auch wiederholen, daß percherette
und john field unter anderen namen, man weiß das nie
so genau, es ist uns nicht geheuer, gemeinsam die klavierkonzerte john fields von der schallplatte

echo des donners in rollenden grollenden sextolen als
bild der flatulenz im gefolge von fields darmkrankheit

aufblickend vom krankenlager fade wolken hinterm fenster formlos zerfetzt geballt streifig flockig durchsichtig
wie schleier gleich watteballen die architektur der lüfte

»ach, adrien. legst du mir bitte das kissen zurecht? daß
ich mich aufsetzen kann. so. wie geht es percherette?«
    »gut. danke. was ist? was schaust du so?«
    »ach, nichts.«
    »warum weinst du, vater?«
    »es ist nichts. schon gut.«
    »so sag doch.«

»du hast U-falten auf der stirn.«
»wie meinst du?«
»nichts. schon gut.«

aufblickend vom krankenlager hinterm fenster winter-
liche wolkenberge, rauh geformt, vielfach verästelt

freunde bitten einen anglikanischen geistlichen, field
aufzusuchen. der tritt ans krankenbett, beugt sich über
field, fragt:
»sind Sie protestant?«
»non!«
»un juif?«
»non!«
»catholique?«
»non!«
»calviniste?«
»not exactly — *claveciniste!*«

rückspultaste 2: ist ja das sterben das durchwandern *im
palindrom* ein zurücklaufen durch alle stufen der evoluti-
on, sein herz schlägt noch fort, er weint auch und
schluchzt, doch es fliehet nein flieht schon das kinn, aus
haariger kehle ein knurren, ein ächzen und stöhnen,
dann aus todkranker lunge das pfeifen gefiederter schar
am himmelsgewölbe, im lethalstadium pithekoid mit geschnatter, er heulet wie *brachiosaurus*, brüllet wie *tyrannosaurus rex*, schuppe für schuppe vom körperstamm abgesprengt zelle für zelle, nur zu käuendem rupfen taugt
noch der mund, ein winziges haupt auf dünnem hals, zu-

letzt nur ein wispern im paläozoikum *bei erneutem drük-*
ken der absenktaste hebt sich der tonabnehmer von der schall-
platte schließlich ist alles nur amphibisches schnappen,
die schleimspur, ein allerleises saugen und schmatzen
drehen Sie den schwenkarm über die schallplatte zurück in
seine ausgangsstellung bis er einrastet der rest ist vegeta-
bilisch-pflanzlich wie bärlapp und schachtelhalm und
dann nur noch anorganischer zerfall in kalk staub und
kristalline kiesel *schalten Sie den plattenspieler durch das*
drücken der taste POWER aus, das silentium conclusum

daß vielleicht fields eintritt in den tod wie der beginn der
vierten orchestersuite in D von bach nämlich zunächst
still und dunkel auf einem weißbezogenen bett in der
mitte eines achteckigen pavillons im herzen radialer gar-
tenrabatten verhängt von schweren portieren, und dann
jählings das D im dreiklang sich in sukzessiv einfallenden
instrumentalfarben ausfaltend und zwar mit dem aufzie-
hen der portieren rundum von fenster zu fenster so daß
eine unwahrscheinlich blendende helligkeit peu à peu
mit jeder weiteren dreiklangsschichtung durch die französischen fenster fällt im zentrum einer rationalistischen
sternsymmetrie, in das, sonnenköniglich, *la lumière* einbricht und, da das herz stockt und das auge bricht, auf
dem sterbelager, versöhnt, die reinste harmonikale
schichtung gleißend von allen richtungen her in wech-
selnden farben zusammenschießt

am 23. januar 1837 schließt john field für immer die
augen.

und gott sprach, es werde hörbar, das *pneuma*, wenn die stehende luftsäule oder die wolkensäule in der er beim auszug aus ägypten voranging in einem gestreckten hohlkörper mit klappen schallöchern und ventilen ein- und ausatmend gottes odem, die welt als distraktion und kontraktion, der hauch aus gottes lippen der lippenansatz am mundstück bzw. am einfachen oder doppelten rohrblatt zum wölben der brust, hochrot die backen geplustert die haare gesträubt, zwischen dehnung und zusammenziehung der große bums *big bang* der urkrach, eine ursünde die nur als comic vorstellbar so wie ›zack‹ oder ›splash‹, das ist einerseits ein sprachproblem. denn die seraphim und mahanaim pressen sich die fäuste gegen die ohren und die cherubim brüllen gegen einen lärm an, einen kosmischen radau der menschen unhörbar leiser noch als das knistern eines geknickten haars, darum sprach gott, es werde hörbar, die lautwerdung gottes *es werde laut*, okay, es werde laut, man knipst den sub-woofer an, no problem, blutige schläge immer auf die 1, denn das wird musik *auch* einmal sein, und man wird dem kaum sich entziehen dürfen, auf straßen märkten flughäfen in einkaufsläden bussen gasthöfen büros, nämlich ein trommelfellsprengendes nervenquälendes gedudel und gestampf, 'türlich nur gradtaktig weil der dreier is was für opas, also hau rin in die gitarre, schieß los, greif zu was das zeug hält, knall die schlegel ins becken, mit 'm dikken schlegel ins becken rammeln da geht der zug ab da kommt die sau raus, hau druff auf die 1, und 'n keyboard schmiert electronic dressing so 'n süßliches zeug keiner weiß was das für 'n klang aber es klingt irgendwie affen-

geil, 'türlich immer uff 'n grundton, ick sare immer »tonika muß sein weil wat sein muß, muß sein«, klar, auch mal
'ne nebenstufe oder 'n alterierter akkord, muß ooch sein,
aber im vierertakt auf die 1 haun auf 'n grundton das
dröhnt die leute so richtig zu, die sind ja so behämmert,
und wennse behämmert sind sindse glücklich, klar, synkopen sind ooch wichtig, 'n paa versetzte rhythmen,
hauptsache das 1-2-3-4 knallt noch kräftig durch, darfst
ooch improvisiern so uff 'm baß schief rumzubbeln am
frosch am steg am griffbrett klingt irgendwie individuell
jault so quetschig 'ne art kadenz, da halten die leute den
atem an und wollen daß der clown vom seil runterfällt
und sich's genick bricht, klardoch, aber dann tritt er ja
wieder brav ins glied und alle klatschen 1-2-3-4, darfst
ruhig mal aufmucken gegen pappa, aber weil du pappa
liebst weil er stärker ist als du und du ja ooch 's komman-
do führen willst weils nun mal affengeil ist stark zu sein
— tja, det darfste aber nich, nur mal so 'n bißchen aufmucken und radau machen dir den frust abwichsen also
stampf weiter, man kann danach marschieren, gibt 'n
tolles kollektiv-feeling, so *im gleichschritt aufmucken* mar-
schierend aus der reihe tanzen aus der saustarken kolon-
ne die *du* gewollt hast weil es ein echt cooles feeling ist,
den sub-woofer aufzudrehen und mit klangfäusten druff-
zuhauen, stampfend, dudelnd, dröhnend, immer rin in
die visage, 1-2-3-4 die ohren vollschlagen, das englische
geplärr dazu versteht eh keiner so richtig, *i wonna get
your love* oder so, scheißegal, **jugend mach dich frei / von der wal-
zertyrannei**, lucifer luceat in tenebris, ick hab das total im
griff, sind ja so dämlich. behämmert eben.

in seinem 55jährigen leben sah john field graue morgen-
himmel, rosige federwolken am abend oder ein schönes
morgenrot ohne grelle farben und dunkle wolken, ein
morgenrot auf niedrigen wolken, grelle farbunterschiede
am morgen- und abendhimmel, ein dunkles und violet-
tes rot, tagsüber starke lichtgegensätze verschieden ge-
färbter wolken, bei windigem wetter einen tiefblauen
himmel, graue luft mit vielen großen haufenwolken oder
schichtwolken, überwiegend schmutzig-grüne und rot-
gelbe farben oder vorwiegend hellgelbe farben am abendhimmel; er sah die nebel fallen und steigen, sah dichten
morgennebel im herbst oder nebelregen oder gewittrige
morgennebel an heißen tagen, er sah wolken in verschie-
denartiger form und höhe, wolken die sich nach stür-
mischem oder regnerischem wetter am west- oder nord-
westhimmel zu haufen sammeln, er sah den schnellen
zug der zirren aus westlicher, besonders südwestlicher
richtung, oder ihren langsamen zug aus östlicher richtung, oder ihre ansammlung nach lange heiterem wetter,
sah federwolken in übereinanderliegenden schichten,
zarte schäfchen, die schnell aus südwesten aufzogen,
morgen- wie abendschäfchen, ausgebreitete haufenwolken am abend oder cumuli mit scharfen rändern oder
verwischten rändern, wie sie in größere höhen quollen
oder früh bei sonnenaufgang brüteten; er sah viele dunkle schichtwolken, oder dunkelgraue schichtwolken unter hellgrauer decke, er erlebte, wie von horizont zu horizont walzenartige wolken mit aufwärts wirbelnder bewegung oder herunterhängenden säcken trieben; er hörte
donner bei kaltem regenwetter im sommer, erlebte glatt-

eis, sah, wie rauch aus schornsteinen zu boden gedrückt wurde; er sah früh und vormittags, oder auch nachmittags und abends regenbogen oder rauhreif, er erlebte schneefälle bei steigendem barometer, sah nach schönem wetter sterne funkeln, sah meteore, nordlichter, den hof des mondes, windhosen, oder fühlte in den händen auf der narzisse noch den nachttau echos thränen um narziß.

fields wie ich finde schönstes und originellstes werk, sein fünftes klavierkonzert in C-dur aus dem jahr 1815, hat den beinamen »*L'Incendie par l'Orage*«, zu übersetzen etwa mit »gewitter & blitzschlag«. das passagenwerk im ersten satz — verstärkt von einem 2. klavier! — lädt sich mit elektrizität auf, bis in der durchführung einige tausend volt erreicht sind: rasende skalen durchkreuzen das firmament der tastatur, chromatik gerät außer kontrolle, ein schlag auf dem tamtam, katastrophisch wie nur in berlioz' *lacrymosa*, entlädt sich zur klimax und in die katharsis: über 43 takte klingelt ein glöckchen im triangel durch die diatonisch gereinigte atmosphäre und führt in die reprise: vielleicht die einzige wirklich befriedete reprise, die field schrieb. engelsflügel breiten sich aus, zarte schwingungen, aufsteigend in die transluzente höhe der diskantlage. quartsextakkordketten, quasi kadenzierend, beenden leuchtend den satz. — der 2. satz, bläserbetont, gehört nur dem orchester, *piano tacet*: eine romanze, nicht mehr als ein interludium, überleitend zur *belle naiveté* des rondos. darin eingelassen eine arkadische episode in 6/8, ein traumverloren modulierender ländler. die rückleitung ins rondo dann wieder mit chuzpe, schmissig fast, ohne scheu vor trivialität. die instrumentation des ganzen wieder unbeholfen und ingeniös zugleich: anarchisch-freiheitlich wie später bei ives.

fields gewittermusik ist weder naturalistisch noch programmatisch. das kommt, weil seine musik naturhaft ist an sich selber. der blitzschlag ist elementare, physikalische konsequenz aus den akkumulierten reibungen eines widersprüchlichen materials. allenfalls spielt das konzert im titel mit allegorischen abbreviaturen, versatzstücken aus jupiterischem fundus. das genie will blitzeschleudern, aber unter seinen händen kommt ihm das material zuvor. die bukolische idylle im rondo hat sich befreit von den fesseln des väterlichen über-ichs. sie darf ziellos, richtungslos kreisen, immer fort modulierend so wie wolken sich wandeln: nicht wirkend, sondern bewirkt; tatenlos; gestaltlos; veränderlich; unbestimmt; absichtslos. mit dem schlag auf das tamtam ist der bann gebrochen, die form entsühnt, die herrschaft zerschlagen.

das ist es, wohin alle musik fields insgeheim will. sie ist eine musik des interieurs, aber sie will ins freie. sie spielt im salon, aber sie sprengt ihn und die gesellschaft, die ihn kultiviert. sie zehrt von der noblen festlichkeit winterlicher bälle, von den polkas mazurken polonaisen in kronleuchterhellen sälen, aber sie tanzt nicht mit.

sondern sie singt. daß field »*der sänger unter den pianisten*« sei, ist *der* topos der zeitgenössischen kritiker. und im singen löst sich seine musik aus dem tanzkollektiv, individuiert sich zu einer vox humana, welche sanft und höflich, keck und herzlich dem gesetz der konvention, den regeln von form und etikette, der starren anglikanischen väterwelt widerspricht. schumann muß das gespürt haben, als er 1836 schrieb:

Fort mit euren Formen- und Generalbaßstangen! Eure Schulbänke habt ihr erst aus dem Zedernholz des Genies geschnitzt und nicht einmal; tut eure Schuldigkeit, d. h. habt Talent, seid Fielde, schreibt was ihr wollt; seid Dichter und Menschen, ich bitt' euch!

gegenüber dem dumpf geschlossenen, felsichten ihrer dickensischen herkunft entmaterialisiert sich im singen die musik, verweht zu musikalischen wetterepisoden, taghell lichtdurchflossen und windzerstäubt, das färbt ihre wangen rot und irisch, wie shee es gemalt. (fields frankophilie und anglophobie gehören in diesen zusammenhang: für den iren ergibt sich die antwort auf die frage, wem seine sym- oder antipathien gelten, mit historisch begründeter selbstverständlichkeit.)

der natur ist die musik auf mehrfache weise verschworen: als unmittelbarer ausdruck des kreatürlichen leidens selber entsteht sie aus einem mimetischen, vegetativen impuls: soweit ihr ursprung (dem sich schopenhauers definition verdankt). ihr ziel aber ist in seiner vergeistigung, entstofflichung, im abwerfen von materie transmundal und um so denaturierter je naturgebundener ihr auslöser ist. also vermittelt musik das individuierte des schmerzes mit der kosmischen schmerzlosen allnatur. was sei denn schon die neunte symphonie gegen das sternflimmernde firmament fragt bloch listig — und antwortet, mit bedeutendem witz: ja — aber eine ohrfeige ist kein argument!

es gibt einen zyklus von vier balladen von geibel, die

einen sehr alten mythos abwandeln: um seiner verbotenen liebe zur königstochter wegen muß der page sein leben lassen — den leichnam treibt die dünung weit hinaus aufs offene meer, wo sich aus seinem gebein die wassergeister eine harfe bauen, mit der zur hochzeit der königstochter grausig aufgespielt wird. am ende bleiben nur ruinen.

der orphische mythos — zähmung der natur durch ihre imitation im gesang — wird hier umgedreht. und nimmt sich ein komponist, von »krampfanfällen« und »nervenleiden« gepeinigt, dieser parabel von der gewalt der musik an, dann wird ihr allegorischer gehalt potenziert. in schumanns chorballade *vom pagen und der königstochter* haben wir zu beginn eine genrehafte liebesszene in rhythmisch intrikatem parlando: kleinformatige idylle, biedermeierliche innenwelt. dann den mord am pagen zur finsteren dünung an- und abschwellender paukenwirbel und akkordischer wellenbrechung: dies der enge vordergrund, hinter dem das zentralthema der komposition, die tönende todesharfe (eine von schumanns suggestivsten eingebungen überhaupt), sich breitflächig-panoramatisch, ebenso lockend wie sinister, horizontweit dehnt. die ganze natur tönt im eingedenken: nicht an den frevel des mordes, sondern an die liebe die nicht sein durfte. indem sich das gleichgültige allgemeine im eingedenken individuiert, humanisiert es sich. schumanns eigenste eusebius- und florestan-welt, die musik des beginns, muß hinab, damit natur sich, stellvertretend, der kraft jenes erinnerns versichert, die einst musik allein besaß. sie besiegt den bann, das vergessen, aber nur, indem sie das tödliche sich inkorporiert. irlands wappeninstrument, die harfe, aus rippen sehnen haaren knöchlein, frivolste und schauerlichste konstruktion des instrumentenbaus, ist eine tiefsinnige allegorie dessen, daß alles was erklingt vergehen muß, und daß darum musik selber nicht symbolischer sondern unvermittelter ausdruck der hinfälligkeit, der zeitlichkeit und endlichkeit menschlischen lebens ist.

so mag es immer fort tönen: auf daß nicht vergessen werde: zum trost — vielleicht dem einzigen den menschen haben solange sie den namen verdienen.

das wetter bei fields beisetzung am 27.1.1837 auf dem moskauer wedensky-friedhof ist fein: ein wolkenloser, sonnigblauer wintermorgen. field hätte dies wetter nicht gemocht. er hätte um diese zeit noch geschlafen. daß die goldene inschrift auf seinem grabmal »Born in Ireland / in 1782 / Dead in Moscow / in 1837« in falschem englisch eingemeißelt ist, wäre ihm wahrscheinlich nicht aufgefallen.

für die errichtung eines grabmals wird eine subskription ausgeschrieben. erlauchte namen finden sich in der liste: galitzin, bulgakow, tolstoi, gagarin und viele andere. der schlichte stein aus grünem mattpoliertem marmor trägt oben, im relief, ein rundmedaillon mit dem namen FIELD in einer lyra, darunter in schreibschrift eingemeißelt die vergoldete inschrift. fields freunde äußerten später noch oft, die schöne dunkelgrüne farbe des steins sei die gleiche, die einst victoria adelaide percherons augen gehabt.

daß von musik zuletzt nichts bliebe es wäre denn der sammetgefütterte leere geigenkasten auf dem fensterbrett, ein rascheln und umblättern, oder der speichel den der hornist abläßt oder was an kolophonium vom roßhaar des bogens abstäubt, die zigarettenkippe zu füßen des dämpfungspedals, im kegel des scheinwerferlichts der scharfe schlagschatten eines wackligen mikrofonständers, ein räuspern, eine bleistiftnotiz über dem 4. takt nach ziffer E

Hinweise

Das vorliegende Buch ist weder Roman noch Essay noch Biographie, auch wenn die »Skizzen«, mit denen es ein gelebtes Leben beschwört, diesen literarischen Gattungen teilweise verpflichtet sind.

Daß jene nicht montiert, sondern komponiert sind, wobei eine Scheidung zwischen Fiktion und Dokumentation nicht beabsichtigt ist, ist offenkundig. Die sieben Kapitel sind nicht literarischen Gattungsnormen befohlen, sondern der Auflösung eines *Conceit* sowie den sieben Klavierkonzerten Fields. Der Leser ist aufgerufen, alles, was ihm zu fehlen scheint, mit eigener Imagination auszufärben.

Die Darstellung der *Vita* John Fields hält sich tatsachengetreu an die maßstäbliche Biographie von Patrick Piggot (Faber and Faber, London 1973). Die Gewitterberichte stammen, geringfügig verändert, aus dem Buch *Das Gewitter* von Prof. Albert Gockel (Köln 1905).

Fields Klavierkonzerte wurden in einer Aufnahme von John O'Connor mit dem New Irish Chamber Orchestra unter Janos Fürst gehört (Ceirnini Claddagh CSM 55–58).

Sabine Hassinger war bei der Abfassung des Buches meine Muse. Ihr ist es gewidmet.

1994   Wolfgang Schlüter

© Eichborn GmbH & Co. Verlag KG
Franfurt am Main, Februar 1998

Das Lektorat besorgte Mathias Gatza.
Den Umschlag gestaltete Christina Hucke.
Gestaltet und aus der Goudy gesetzt von Johannes Steil.
Gedruckt auf MunkenBook und gebunden
duch den Wiener Verlag, Himberg.
ISBN 3-8218-0660-5

Ein Verlagsverzeichnis schickt gern:
Eichborn Verlag, Kaiserstraße 66, D-60329 Frankfurt am Main,
http://www.eichborn.de

Die Deutsche Bibliothek – CIP-Katalogeintrag:
Schlüter, Wolfgang:
John Field und die Himmels-Electricität :
Skizzen / Wolfgang Schlüter. -
Frankfurt am Main : Eichborn, 1998
(Eichborn Berlin)
ISBN 3-8218-0660-5